陕西省社会科学基金项目（2019E004）资助出版
西安交通大学本科名课附加项目支持

家庭微思政：
当代大学生与祖、父辈的对话

陆淑敏　著

中国纺织出版社有限公司

图书在版编目（CIP）数据

家庭微思政：当代大学生与祖、父辈的对话／陆淑敏著. -- 北京：中国纺织出版社有限公司, 2022.10

ISBN 978-7-5180-9896-5

Ⅰ.①家… Ⅱ.①陆… Ⅲ.①大学生－思想政治教育－研究－中国 Ⅳ.①G641

中国版本图书馆CIP数据核字（2022）第181564号

责任编辑：郭 婷　　责任校对：江思飞　　责任印制：储志伟

中国纺织出版社有限公司出版发行

地址：北京市朝阳区百子湾东里 A407 号楼　邮政编码：100124

销售电话：010—67004422　传真：010—87155801

http://www.c-textilep.com

官方微博 http://www.weibo.com/2119887771

三河市延风印装有限公司印刷　　各地新华书店经销

2022 年 10 月第 1 版第 1 次印刷

开本：710×1000　1/16　印张：10.25

字数：155 千字　定价：49.00 元

前　言

　　70 年披荆斩棘，70 年风雨兼程，70 年沧桑巨变，70 年辉煌灿烂。此中艰辛，乃是薪火传承，前赴后继奋斗出来的。《孟子·离娄上》曰："国之本在家，家之本在身。"国—家—身之理蕴含其中。本书通过就读于西安交通大学的 22 位学生对其（外）祖父、（外）祖母、父亲、母亲等共计 50 位家庭成员的深度访谈，呈现老一辈人在过去年代里所经历的艰难、因社会大环境改变而发生的家庭或个人的转折性事件，以及人生最骄傲和自豪的事件。个人的成长、家庭的变迁乃是国家发展的微观映射，也成为我们找寻祖国从孱弱到富强，以及传承中华民族艰苦朴素、吃苦耐劳、爱岗敬业、砥砺前行奋斗精神的一个重要途径。

　　从社会网络的视角看，家人关系是一种强关系，亲人可以在情绪、观念、行为层面对学生发挥重要的影响力。家史家风、言传身教，在人与人真实的相处中潜移默化，对学生的影响不言而喻。高校思政教育，不能远离家庭。重构教育中缺失已久的家庭维度，这是一个大问题、新问题。采用一种没有距离的沟通，润物细无声式的传递，顺利成章的对比与思考，家国情怀的涵养，让我们有机会领略到家庭教育的魅力。本书正是挖掘家庭微思政潜力的一次尝试，也为进一步补齐家庭思政的短板，探索家校合力的思政教育机制提供了实践基础。

陆淑敏

2022 年 1 月

目　录

第一章　导论

改革开放以来，我国为了提高高校思政理论课的有效性，先后进行过若干次的改革。"85方案"形成了高校"两课"课程体系，明确指出要改变注入式的教学方法，尽量实行启发式教学方法。"98方案"课程设置的一个重点就是解决好邓小平理论进教材、进课堂、进头脑的问题。在实施过程中，基本打破了思政课教学过程"一张嘴、一本书、一支粉笔、一人讲"的传统模式，逐步开始采用多媒体教学。在坚持"要精要管用"的原则下，创建专题授课的教学方法；同时在坚持"三进"的原则下，强调"内化知识"理念，即把马克思主义理论知识"内化"为自身的政治思想素质和能力，更好地为社会服务。"05方案"则强调提升马克思主义理论学科的整体性，强调历史和逻辑相结合的教学思路、强调阅读经典才能真正提升认知水平。

2016年12月召开的全国高校思想政治工作会议，充分体现了党和国家对高校思想工作的高度重视。习近平总书记的重要讲话，从全局和战略高度回答了事关高等教育事业发展和高校思想政治工作的一系列重大问题，成为新形势下高校思想政治工作的纲领性文献。他强调，做好高校思想政治工作，要因事而化、因时而进、因势而新。要遵循思想政治工作规律，遵循教书育人规律，遵循学生成长规律，不断提高工作能力和水平。要用好课堂教学这个主渠道，思想政治理论课要坚持在改进中加强，提升思想政治教育亲和力和针对性，满足学生成长发展需求和期待，其他各门课都要守好一段渠、种好责任田，使各类课程与思想政治理论课同向同行，形成协同效应。

本书正是领会习近平总书记重要讲话精神的一个探索。基于学习和认知领域的研究成果，从社会网络的视角对思政课加以洞察，融入社会化学习的理念，在讲授课程的同时，安排千禧一代大学生主动向经历过时代变迁的长辈了解共和国 70 年历程对微观的个体和家庭可能产生的影响。项目通过调用高校思政教育中忽略已久的家庭教育的力量，旨在挖掘家庭微思政的潜力，进而提高思想政治教育的亲和力和针对性，同时，发挥思想政治教育在家庭与课堂之间的协同性和有效性。

一、社会网络的研究视角

社会学理论告诉我们：弱关系传递信息，强关系传递影响。我们较为熟悉的是六度分割理论，即世界上任意两个人之间，平均只需要六步，就可以发生联系。但是，六度分割理论着眼于的是一种弱关系，只能传递信息。能够传递影响力的只能在三度以内，即三度影响力理论。简单地说，一个人要想在日常交往中对其他人的情绪、行为、观念等产生影响，只能通过强关系，而且影响强度只能达到三度，即只能达到你朋友的朋友，不可能传递得更远。此外，情绪是可以传染的，包括快乐、幸福感、恐慌等。这些都是我们思政课教师在进行政治思想教育的过程中，要意识和利用的客观存在。

从社会网络的视角来看：随着课程的开设，任课教师和选课学生之间就创建了一个新的社会网络，教师处在教—学网络的中心节点位置，教师这个节点首先会和班级人数 N 个学生节点相联系，并居于网络中心的位置向学生传递信息。从这个角度上讲，教师在这个网络中占据优势位置。但需要指出的是，网络的价值会随着时间的变化而变化，没有人可以通过占据一个优势位置一劳永逸，思政课教师亦然。我们在上课的时候，占据着优势位置，但随着课程结束，所建立的网络价值或者说回报率就会迅速衰减。

此外，我们还要清醒地认识到我们所面对的现状是有限的接触时间，在传递思想和观念的层面对学生尚有作用，然而，在传递幸福感、情绪、行为方面影响力极其有限。当我们关注某个具体学生的时候会发现：学生节点除了联结着教师，还联结有对其可以产生更大影响力的父母、同学，尤其是在情绪、行为、观念层面，产生影响力概率和强度高于思政课教师。

那么，作为思政课教师将何去何从？答案是要在因教学搭建的新的社会网络中，善于作为多重网络中的穿越者，才能发挥最大效力。

二、社会化学习的研究视角

教室里的教学，某种程度上是一场从 A 点到 B 点的旅行，而事实上，学生不会是从同一个起点、以同样的速度、朝同一个方向跑去。同时，课堂教学，是一种有组织的学习，也一定暗含着等级性，老师可以对学习做出判断，同时对学生行使权力。

社会化学习的理念则认为：学习不能只是发生在个体上的事件或现象，更不应该忽视社会文化境脉和社会互动对学习活动的影响。学习知识的来源及获取知识的途径可以是多元的，在学习方式上可以改变，不必只停留在学校、课堂，还可以走出去，走到社会、走进家庭，使学习变得更加丰满。

由于个人的世界过于狭小和有限，也不可能经历每一件事情，去面对需要理解的更宏大的社会变迁，通过对（外）祖父、（外）祖母、父亲、母亲的访谈，就是调用他们的经历，在与亲人的交流中分享来自祖父辈所承载的知识和信息，获得真实的感受和个体的认知。一方面，学生会对由家长讲出的事实和体会更加相信；另一方面，面对孩子的询问，父母会比较珍视这样一个交流机会，一般是知无不言，言无不尽，同时也会意识到去抓住这个机会对孩子实施正向的引导。即使家长在一些问题上的观点难免有失偏颇，这也正好使后续思政工作更加精准。

第二章 访谈设计

《孟子·离娄上》曰："国之本在家，家之本在身。"国—家—身之理蕴含其中。个人的成长、家庭的变迁乃是国家发展的微观映射，也成为我们找寻祖国从羸弱到富强，以及传承中华民族艰苦朴素、吃苦耐劳、爱岗敬业、砥砺前行奋斗精神的一个重要途径。

预期通过访谈能加深学生对艰苦奋斗的感知，对家庭及亲人的理解以及对眼下生活的珍惜；捕捉到了祖辈、父辈之间对艰难的感知、对社会的感知以及对自我成就的感知上的差异，通过这种没有距离的沟通和润物细无声式的传递，涵养家国情怀。

第一节 访谈对象

本研究访谈员均为西安交通大学 2017 级和 2018 级学生，出生在 2000 年前后，所学专业包括计算机、微电子、电气、机械、医电、生物、材料、能动、化工、建筑、统计、行政管理等。受访者为他们的祖辈和父辈。访谈员为受访者家庭成员，访谈内容翔实可靠。

本次访谈涉及 22 个家庭，共计 50 位受访者：访谈祖辈 21 人，其中（外）祖母 6 人、（外）祖父 15 人，年龄跨度为 20 世纪 30 年代初到 50 年代，最长的受访者接近 90 岁；访谈父辈 29 人，其中父亲 16 人，伯父 1 人，母亲 11 人，姑妈 1 人，主要为 20 世纪 60 年代和 70 年代生人。受访人相关信息见表 2-1。

表 2-1 受访人基本信息

受访对象	年龄	受教育程度	职业
（外）祖母 6 人	1949 年之前出生 :6 人	大学文化 :1 人 小学文化 :2 人 扫盲学校 :2 人 文盲 :1 人	农民 :4 人 城市（干部、教师）:2 人

续表

受访对象	年龄	受教育程度	职业
（外）祖父：15 人	1949 年之前出生：14 人 1949 年之后出生：1 人	大中专及以上：4 人 中学：6 人 小学文化：3 人 文盲：2 人	农民：8 人 城市（含县）：7 人 （干部、教师、技术人员）
（姑）母亲：12 人	70 后：11 人 60 后：1 人	研究生：1 人 大学（含大中专）：7 人 初中：2 人 小学：2 人	企事业单位（学校、医院、国企）：6 人 创业：2 人 进城务工：4 人
（伯）父亲：17 人	70 后：16 人 60 后：1 人	研究生：3 人 本科、大中专：6 人 初中：6 人 小学文化：1 人 文盲：1 人	企事业单位：9 人 创业（含个体户）：2 人 进城务工：6 人

第二节 访谈提纲

访谈提纲主要由四个部分的问题组成，分别对祖辈、父辈成员进行访问。

模块 1：被访者的背景资料（城乡、受教育经历、职业、工作经历等）

模块 2：在以往的岁月中，您的家庭或个人曾面对过的最艰难的一件事情

模块 3：描述一件印象深刻的因社会大环境改变而发生转折的家庭或个人事件

模块 4：描述人生中所做过的一件最自豪的事情

访谈旨在从祖辈、父辈的描述中洞悉社会大背景下，普通个人与家庭的生活，反映人们对艰难的感知、对社会的感知和对自我成长的感知，从而揭示其背后反映的一个民族文化的基因与记忆。

第三节 STAR 原则

在访谈过程中，尤其是对问题 2、问题 3、问题 4 的访谈中强调应用结构化面试当中非常重要的一个原则——STAR 原则。STAR 原则中，S 指的是 situation，中文含义是情景；T 指的是 task，中文含义为任务；A 指的是 action，中文含义是行动；R 指的是 result，中文含义为结果。本次访谈中我们要求被访谈者描述其成长过程中家庭或个人曾

面对过的最艰难的事情、印象深刻的因社会大环境改变而发生转折的家庭或个人事件以及在个人成长过程中最值得骄傲的一件事情。因此利用 STAR 法则提问，可以为被访谈者提供一个清晰、条理的描述事件的逻辑方式，让被访谈者讲述自己和自己家庭的故事。

为了方便查阅，相关案例检索见表 2-2。

表 2-2　相关案例检索表

序号	称谓	出生年代	个人基本情况	关键事件
1	祖母	1930 年	籍贯山东省德州市某村,文盲。曾生活在敌占区,因裹脚,所以什么工作都没有做过,育有三女一儿	敌占区的生活/分地主的地/给大队分粮食感觉很自豪
	父亲	1970 年	山东省德州市某村,在初中毕业后外出打工	偷馒头挨打/错过打工潮/家庭主义者的典范
2	祖父	1931 年	小学文化程度,1949 年参军,1952 年转业先后在省机关单位、榆林煤矿、某研究所上班,1989 年退休至今	打仗/转业后多次工作岗位调整/为村里购买农机,受到村里人的尊敬和感谢 人生体验:知识是工作的门槛
	父亲	1977 年	初中毕业后在西安打工至今	生病/包产到户,家境改善/提前十几天完成西安地铁小寨段线路改迁工作
3	祖父	1931 年	广东河源人,小学文化,曾任村党支部书记,50 岁响应号召,带领家乡青壮年成为深圳的第一批建设者,参与建设深圳市罗湖区莲湖街道	国共合作,军民齐心抗战/建设深圳/加入中国共产党
	父亲	1969 年	广东河源人,毕业于华南理工大学无线电专业,大学专科,现任职于香港利丰贸易集团	装修房子/深圳清水河大爆炸/购买学区房,重视子女教育 人生体验:教育环境、身体健康的重要性
4	外祖父	1933 年	1947 年参军任通讯员,亲历开国大典,现为社区巡逻队的一名义务队员,见证了新中国从建立到富强的全过程	享受对退伍军人的福利保障/在部队被评为优秀党员荣誉称号
	祖父	1934 年	1956 年从铁路运输管理系毕业后赴美深造。回国后教学,曾南下经商,大多数时间任教	敌占区的生活/深圳经商/考上大学、出国深造 人生体验:学非所用的遗憾,劝诚年轻人要好好学习

序号	称谓	出生年代	个人基本情况	关键事件
4	祖母	1939年	受过良好的学校教育。曾陪同丈夫南下经商,后又返回家乡授课,之后一生从教	陪丈夫南下经商/教育改革待遇提升/培养出优秀的学生 人生体验:要了解自己的身体,要独立自主
5	祖父	1941年	1949年后开始上学读书,后考入西安音乐学院。之后回到家乡,在县里的高中当教师至退休	提心吊胆、饿肚子/新中国成立后读书考到音乐学院/到有天份的学生家中做工作给学生争取上学的机会
5	父亲	1968年	1987年参军入伍,1991年复员。1994—1996年脱产在陕西理工大学进修,大专学历。之后南下广东闯荡,2003年左右回汉中公司上班至今	没受过太多的艰难/女排精神、入伍复员、上大学、南下做销售/培养儿子
6	外祖父	20世纪40年代	祖籍河北,出生于黑龙江哈尔滨市,高中毕业后被西安空军工程大学录取,成为雷达专业的一名军校学员。转业后到地方研究所工作,直到退休,一直从事无线电相关工作	经历三年困难时期/落实知识分子政策,生活幸福/上军校为祖国奉献
6	外祖母	20世纪40年代	祖籍山东,出生于黑龙江哈尔滨市。14岁开始在哈药工作,1975年转干,任会计。50岁退休	从小生活困难/小学毕业,从小工通过学习转干,获得会计证
6	母亲	20世纪70年代	居住于哈尔滨市区。最初在省内第一家国企改股份制上市公司工作,现任职于国家重点发展行业,公司中层职员	没有特别艰难过,对凭票供应时代有深刻印象/国企改制,购买同事股权,股海沉浮感受时代脉搏/年近50岁参加执业资格考试
7	外祖父	1949年	中学毕业后,成为民办教师;曾进入一所师范学校进修,毕业后继续任教,现已退休	富农身份,无缘高考,小升初时父亲步行一百多公里山路给自己争取上学机会/多面手(宣传、会计)、入职为民办教师,摘帽后到师范学校读书 人生体验:生命不息,学习不停,奋斗不止的人生理念
7	母亲	20世纪70年代	农村妇女,初中毕业后几经周折,成为家乡某工厂的一名优秀员工,自入职后工作至今	父亲在外求学时的生活艰难/2000年后县城经济蓬勃发展,家庭生活质量提升/从失业到优秀员工

续表

序号	称谓	出生年代	个人基本情况	关键事件
8	外祖父	1938年	1958年时从山东逃难闯关东来到吉林。先是下井采煤，改革开放后做起了个体商业。现定居吉林省长春市，开心快乐地过着自己的退休生活	闯关东/改革开放后从事个体经营/艰难时能养活一大家人
	母亲	20世纪70年代	工作期间自学考上大学并且考取高级会计资格证，经历国企裁员后创立了自己的会计公司，目前公司发展良好	做纺织工人期间考入大学/国企改制后"分流"/创立会计公司/人生体验：有持之以恒的毅力和决心，只有这样才能做好事情
	父亲	20世纪70年代	高中毕业当兵，从空军地勤转入汽车连，并荣立二等功一次，退役后在长春某集团公司从技术工人转为管理人员	当兵时刻苦训练坚持学习/当兵时荣立二等功/退伍到地方后不断学习，从技术工人成长为管理人员
9	祖父	1943年	陕西省蓝田县人，1958年来到新疆哈密市矿务局开车，后北上阿勒泰地区阿苇滩乡生活，当了20年农民。20世纪80年代贷款购买了货车搞运输，在当时收入颇丰，带领全家搬往阿勒泰地区阿勒泰市生活	少时辍学，家庭贫困/身份差别取消，贷款搞运输/致富领路人，乡里第一个万元户
	父亲	1971年	出生于新疆阿勒泰地区阿勒泰市，20世纪90年代在北屯市造纸厂做销售工作，跑遍祖国大江南北，20世纪90年代末的企业改革中"分流"，回到阿勒泰市开了一家印刷厂，诚信经营。2018年，带领全家人搬到新疆乌鲁木齐市生活	在学校被歧视/父亲搞运输，国企改制后创业干印刷厂/干销售时业务好分了楼房，干印刷时诚信经营被信任/带领家人到省会落户人生体验：做生意也是做人，诚信经营才能被信任
10	外祖父	20世纪50年代	祖籍为河北省河间县，初中后辍学回家，加入到北大荒的开发队伍。自学粮食财务等方面的知识，进入县粮食局从事出纳工作，并担任了粮食局财务经理	三年困难时期、文化大革命/改革开放后生活、思想上的提高

续表

序号	称谓	出生年代	个人基本情况	关键事件
10	父亲	20世纪70年代	祖辈都生活在黑龙江省,初中毕业后曾到造纸厂做过一年工人,后响应了国家号召到吉林当文艺兵,复员后回到县评剧团工作并加入中国共产党。后调任县博物馆,获考古学学士学位(成人高考),现为博物馆副馆长	在造纸厂当工人的一年/第一代互联网网民/自考获得考古学位,并将所学知识应用到工作中
11	祖父	20世纪30年代	出生在四川省绵阳市的一个小村庄,没有读过书。在艰难的生活中养大了5个孩子。现在儿孙满堂	第五个孩子出生后,妻子身体虚弱,一人要养活孩子们,曾经偷过吃的养育5个孩子/见过八路军、经历过文化大革命/养育了5个有品德的孩子
	父亲	20世纪70年代	生于在四川省绵阳的小村庄,初中未毕业,先后在上海建筑工地、船厂打工	19岁去上海打工/房地产市场收缩后改到船厂工作/自学看懂图纸 人生经验:当经历让你非常绝望的时间段时,记住,要站起来与它对抗,不要服软
12	外祖父	76岁	中学文化,生活在山东百强县的一个农村,年轻时得过肺结核。改革开放后承包工程,主持修建了村里村外的几大建筑,是十里八乡的名人。育有一子一女,两个孩子通过高考跳出农门,在外地工作成家	少时贫穷,没有鞋穿,因肺结核挣不了工分/养猪、建筑包工/买养老保险
	母亲	20世纪70年代	大专(后修本科),毕业后分配在事业单位工作,干部	没有饿过肚子,一年一件衣服,很快就富了/改革开放后因父亲在建筑工地包工致富,购买了全村第一台电视/学习好、炒股小赚,迁入二线城市
13	祖父	1944年	出生在江苏省淮安市周边农村,读过四年书,三年小学、一年初中。担任过生产队会计、村委会主任,培养了家里四个师范生。晚年来到县城生活	1968年家庭变故/经历文化大革命/培养了四个大学生,家里有四名党员

续表

序号	称谓	出生年代	个人基本情况	关键事件
13	父亲	1974年	大专学历，毕业后成为一名镇中学英语教师，后考入县城一所高中任教至今。凭借自身努力，带着家人来到县城安家落户	转入县城中学的考试、给父母治病／习近平总书记主政后国家政策更透明、更阳光／读书、工作和女儿共度高中三年的经历
14	外祖父	1947年	陕西省汉中市洋县乡下长大，"倒插门女婿"。1966年初中毕业，属老三届，1967、1968年随校到外地"串联"，后回家参加劳动，当农民至今。其间，赴外地打过工	年轻时生活贫困，穿草鞋、上山砍柴／文化大革命期间步行到成都、西安等地／工分最高、参加宣传队、遗憾因成分没有办法入伍
	母亲	1974年	洋县贯溪镇乡下长大。后到西安上大专，毕业后做过文员，在报社、医疗器械公司做过销售，后遇到爱人，两人展转全国多个城市做销售。2000年左右两夫妻经营自来水器械设备公司至今	父亲在外打工、帮母亲干活、成家后自己带娃／从做销售到自己单干／努力读书、工作兢兢业业、遗憾没能读正规大学
15	祖母	20世纪50年代	出生在山西省晋城农村，小学之后开始帮家里做农活，20岁嫁给爷爷。经历过人民公社、文化大革命、改革开放，是村里最早知道可以上山采药卖钱的人	经历20世纪70年代运动／改革开放包产到户、种果树、盖房子／给大家出主意卖药材
	父亲	20世纪70年代	出生在山西省晋城市陵川县农村，初中毕业后跟随自己的父亲赚钱，成年后到工地打零工出苦力，奔波十几载，攒下一点钱，再加上爷爷给的钱，在村子里盖了新房子	没有特别的艰难，也好像一直都不富裕／精准扶贫和高校专项计划等政策的受益者／儿子进入西安交通大学读书
16	祖母	20世纪40年代	河南省禹州市农村，没有学历，但也认识些日常所用的文字，因不满意婆婆的无理取闹在那个时代毅然选择离婚，再婚后生育四个孩子，喜欢豫剧，并独自养育第三代人，现独居在老家	看管着孩子还要上台唱豫剧／为了更好地照顾孙子孙女，在爷爷去世后就不唱戏了

续表

序号	称谓	出生年代	个人基本情况	关键事件
16	父亲	20 世纪 70 年代	河南省禹州市农村,因个人原因未参加高考,之后参军分配到新疆阿克苏市,在部队念了军校,本科学历,二十多年的武警生涯,使其成为一名从列兵到少校的硬汉	白天训练、晚上学习考上军校 / 妻女陪伴,女儿优秀
	母亲	20 世纪 70 年代	小学学历,随军家属,私企销售员,是一个典型的温柔美丽、富有感情和爱意的女性	等爱人七八年、攒钱做缝纫,曾失明过一次 / 之后随军,将女儿留给奶奶抚养
	大伯	20 世纪 70 年代	家中长子,小学学历,跟随其父学习修理电机,后至阿克苏市从事汽车维修的个体经营,和弟弟彼此依靠、共同打拼	惦记家人,家人好,自己就有无穷的动力前进
17	外祖母	1946 年	四川省遂宁市蓬溪县文井镇人,农民,参加过夜校扫盲,年幼丧父,母亲改嫁,独自照顾两个妹妹;中年丧夫,独自带大二子二女,现居住于四川省遂宁市蓬溪县城	父亲去世、母亲改嫁 / 被儿子接到城市 / 孙辈都是大学生
	母亲	1970 年	四川省遂宁市蓬溪县文井镇人,初中文化,婚后跟随长姐至新疆石河子市任水管站工人,同时照顾农场	1976 年幼丧父、大地震 / 随长姐到新疆打拼 / 自己的遗憾在女儿身上得以实现
18	祖父	20 世纪 40 年代	出生于云南偏远山村,务农为生,文盲。年轻时当过生产队队长,成家后累计有过十个孩子,存活五个。因人多地少,长期一个人在外奔波,收入主要来源于出售农作物。后客居昆明,自给自足,70 岁返乡生活	在贵州卖魔芋皮时遭劫 /20 世纪 70 年代超支户生活困难 / 老老实实干事做人,不给子女添负担
	父亲	20 世纪 70 年代	出生于云南偏远山村,务农为生,文盲,青年时期四处漂泊。成家后因家里地少又连年遭灾,加上要偿还盖房借款,故携妻子外出到昆明打工。因不识字,所能从事的工作也都是低薪又卖力的工作,收入勉强够家里人糊口	盖房欠债,外出打工时蹬三轮遇抢 / 走南闯北,儿子考上大学激动痛哭

续表

序号	称谓	出生年代	个人基本情况	关键事件
19	母亲	1970年	生于广西农村,排行第五,小学五年级辍学在家务农,20世纪90年代外出务工,打零工、学缝纫、卖蔬果,结婚后开过卖过粉肠、开过快餐店,现为某家政公司清洁工,2015年在柳州市区购房,城镇户口	农村女孩的生活:洗衣、切碎猪食、砍柴担水、下地干活、外出务工,打零工、学缝纫、卖蔬果,增长见识/租门面卖粉肠、开快餐店,有忠实的顾客
	父亲	1972年	生于广西农村,兄弟姐妹六人,排行第六,初中毕业后进城打工,在城里肉铺宰牛宰猪,结婚后开过卖过粉肠、开过快餐店,现为某服装公司送货员,因乡下老有地,未迁移户口	没有早餐吃/在城里肉铺宰牛宰猪、送货/20多年在城里奋斗,买房过上小康生活
20	姑姑	20世纪60年代	专业技术人员,受教育程度为大专,目前生活在兰州市	在农村生活一年/20世纪90年代不再凭票购物,生活富足/因工作出色去广州、深圳学习先进技术
	父亲	20世纪70年代	职业教师,受教育程度为研究生,目前生活在兰州市	10岁左右到解放军第一医院住院/第一台电视机带来的轰动,精神生活的充实/桃李满天下,是学生健康成长的引路人
	母亲	20世纪70年代	职业会计,受教育程度为大学本科,目前生活在兰州市	在5平方米的房子里学习、居住的经历/两年复读考上大学/家庭事业双丰收
21	父亲	20世纪70年代	医生、研究生学历,出生于韩城的偏远山村,一路奋斗考入大学,走出大山。医科大学毕业后被分配至县城医院,之后刻苦钻研手术技巧并攻读硕士研究生,因表现优异被留在市医院工作。目前是可以独自带组的副教授	研究生阶段对毕业去向的担忧/教育、就业政策改革的受益者/考上大学走出大山,知识改变命运
	母亲	20世纪70年代	卫生学校中专毕业后被分配到医院从事护士工作,早早赚钱补贴家用。目前在医院医保办工作,期间学过财会和健康管理	童年时过年前猪丢了,母亲生病/通信交通的发展使生活便利/上学和上班后取得好的成绩

续表

序号	称谓	出生年代	个人基本情况	关键事件
22	父亲	20世纪70年代	生于河南省商洛市山区,家里三个姐姐都没有上过学,考入西北农林科技大学农业机械专业,又攻读了经济学硕士学位。毕业后任教,现为二级学院院长	家庭变故、中年危机/对社会的思考/考上大学,工作后有所成长
	母亲	20世纪70年代	陕西省兴平市农村,家有一哥一弟一妹,高考失利后次年考入西安美术学院,毕业后任师至今。儿子17岁时生下女儿,怀着孕读书,42岁拿下西安美院艺术硕士学位	儿时生活困苦/对学校和社会的思考/母子关系的解读/遭遇中年危机

第四节　访谈记录

访谈一

受访者简介

祖母,89岁,生于山东省德州市齐河县马集镇某村,姊妹弟兄八人,文盲,十多岁出嫁,育有三女一儿。因曾经裹过脚,没有做过什么工作。

父亲,50岁,籍贯是山东省德州市齐河县马集镇路庄村,一位朴实的农民,初中毕业,在外打工,家庭主义者。

对祖母的访谈

1.在过去的年代里印象最深刻的艰难事件

问题1:奶奶,当年您还没出嫁前,在我老姥爷和老姥姥家的时候,生活困难不?

答:我十几岁就嫁给你爷爷,在娘家的时候根本就不知道苦,不知道穷,因为不管家,还不知道过日子的辛苦。小孩的时候太容易知足了,有吃有喝有衣服穿,饿不着,冻不着,就觉不着苦。现在回想当年,就是苦啊,就是穷啊,哪有现在这么好啊。

问题2:您说小孩容易知足,那您小的时候有什么让您觉得特别知足的事吗?

答：当时家里种水萝卜，房子后边有个不大的菜窖，冬天能收满满一窖。整个冬天的炖菜和腌咸菜都指望这些萝卜。那时候没什么水果，萝卜就是我们的水果，在外边玩，玩累了，从地窖里拿个萝卜就啃，又甜又多汁，比梨还好吃。

问题3：您小时候应该还有日本侵略者呢吧？

答：当时咱们马集镇还是马集乡呢，整个乡有两个炮楼，一个在红堂村旁边，一个在周庄村旁边。听老人说，一个炮楼里边就十几个人，一个乡不到三十号日本鬼子。

问题4：日本侵略者在咱们乡里，您的日子有没有过得更辛苦？

答：来咱们这边的日本鬼子没敢太残害过老百姓，为什么呢？他们不敢惹咱们，整个乡多少号人呢，日本鬼子就不到三十个，他们不敢把局面弄得紧张了，怕老百姓反抗。但是抢粮食、抓鸡这种缺德事他们干得出来，实际上目的就是欺负你，让你觉得他比你厉害，让你不敢动弹，不敢反抗，下一次来抢粮食让你更加老老实实的。其实全乡要是都发动起来，还害怕这几个小日本鬼子？都是太软弱了，把自己的吃喝供给了日本鬼子。那个时候日子压力大不只是少吃喝，主要是精神压力大，因为有人拿着枪在离你几里地的地方盯着你呢。

问题5：这么多人，有反抗的吗？

答：没有，都寻思着你只要不过分，我也不招惹你。太软弱啊。反抗也没有明面上反抗的，都得私下里关系要好的，互相信得过的几个人组织民兵，也有投奔八路军的，都怕"二鬼子"（汉奸）告密。

问题6：那时的"二鬼子"多吗？

答：多，比日本鬼子多，还比日本鬼子坏。抓人，告密，抓不着人就错抓，告不成密就乱咬，让多少人受罪啊。

问题7：嫁给我爷爷之后日子好过了吗？

答：好过什么呀。我是你爷爷用两石小米换过来的。当时大旱，地里没收成，都有逃难的了。你爷爷凑小米把我娶回来之后，还得还人家的小米，日子更穷了。当时没有自己的地，都是地主家的，再加上你爷爷兄弟多，嘴多，吃的饭多，后来分了家，我们两口子过日子才好过点。

问题 8：日子是怎么好过起来的？

答：你爷爷当年也算有本事，会瓦工，村里和周边村里有什么土木上的活儿都找他，又管饭，又给钱，日子算是好过的了。1949 年之后，分了地，为自己种地，收成全归自己，自己就更好过了。

问题 9：奶奶您还有什么想法吗？

答：总会好的，多么难的日子也总会好的，以后的日子也只会比现在更好。

2.描述一件印象深刻的因社会大环境改变而发生转折的家庭或个人事件

问题 1：奶奶，您有没有印象很深刻的因为社会大环境改变，咱们家发生大变化的事啊？

答：土地改革，大家分地主家的地。

问题 2：当时是什么样的情况？

答：分地那时候，全村人都去了，把地主绑他家门口的树上，大家喊口号斗地主。大家一人一句，骂地主，说他的不好，说他做过什么缺德事，说他怎么占着地不干活儿还吃好的穿好的。批斗完了，就分他家的东西，把值钱的都分掉，牛、羊、猪、鸡、鸭、鹅抓阄分。最后各家各户都分了一遍了还剩下一个小猪崽儿，前街的柱子（化名）又骂了地主一通，踢了地主两脚，猪崽儿就归了他了。

问题 3：这么乱啊？

答：可不是乱吗，跟开联欢会似的。都是因为穷惯了，突然有了个发邪财的机会，还能有组织地批斗就不错了。第二天分地就没这么乱了，按家里人多少分大小，抓阄分位置，用尺子一点一点地量，这个可不能马虎，都知道重要，少一点地，少一点粮食，长年累月就不得了。

问题 4：地主后来怎么样了？

答：让他受了一顿气，就把他放了。他敢说什么？他也只能受着，不受着就继续批斗。虽然分了他的地，他也有自己应得的一份地；他家里仍然是挺有钱；他家还有三处院子。虽然他还是有钱，可是地位下来了，还不如农民呢——地主不如农民。

问题5：分了地，咱家里怎么样了？

答：以前咱家穷得揭不开锅，辛苦一年落不下多少口粮。有了地，就有了盼头，日子虽然拮据，可是一天比一天好。咱们家才开始慢慢走上坡路，这就是我印象最深刻的。

3.人生最值得骄傲或自豪的一件事情

问题1：奶奶，您这一辈子有没有特别骄傲的事啊？

答：我这一生，小的时候听我爹的话，嫁给你爷爷就听你爷爷的话，老了又听你爹的话，一辈子从来没自己拿过什么主意，一辈子都被推着走。还有我是小脚，做不来什么劳动，至多是缝缝洗洗。没去过什么地方，要不是你爹带我去北京看看，咱也不知道毛主席是不是真跟挂历上一个模样。唯独一件，唯独我跟着大队干活儿的时候我觉得不一样。

问题2：有什么不一样？

答：很难说。我裹过小脚，我是我们村最后一个小脚，所以我很自卑。和我同样岁数的小孩都不和我一块玩儿，都对我指指点点的。是啊，小脚什么也做不了，跟个废人一样。唯独跟着大队，虽说也是不让我去田地里劳动，但是给我委派了一样工作，一样虽然简单但是很重要的工作。

问题3：是什么工作？

答：分粮食。我会用秤，我给大家分粮食。这个工作虽然简单，但是它太重要了，我第一回觉得我这么重要，我被人需要，我可自豪了。

对父亲的访谈

1.经历过的印象深刻的艰难事件

问题1：爸爸，你小时候印象最深刻的咱们家出现过的艰难日子是什么？

答：我生在"文化大革命"时期，小的时候家里的日子真苦。那个时候是要交公粮的，你爷爷辛苦一年，挣下的粮食交了公粮就不剩什么了，不舍得吃白面，顶多过年的时候吃几次，平日里吃的是玉米面、高粱面和红薯。

白面有多珍贵？过年走亲戚的时候拿两个白面馒头作礼就是很有面子的礼物了。说出来不怕你笑话，我小的时候有一年过年，有亲戚拿来几个白面馒头，你爷爷很是宝贝，用篮子盛了，挂在房梁上。家里有我，还有你三个姑，当时都是小孩，嘴馋，你爷爷怕我们偷吃，不得不出此下策。但是我胆大，我搬了一张八仙桌，桌子上又放了椅子，伸手在篮子里拿了一个白面馒头。不巧，你二姑进门，让她看见了。见一面，分一半，既然看见了，你也跟着我做贼吧，我就又拿了一个分给你二姑了。我俩赶在你爷爷奶奶进屋之前，早就把八仙桌和椅子放回原位了。

　　问题 2：后来吃了吗？

　　答：我把白面馒头揣在怀里往外飞奔，这可是偷东西啊，我就想跑得越远越好。后来，我跑到咱们村和邻村中间的那座桥那里，桥底下没水，我躲在桥洞子里大快朵颐，不是不想一小口一小口地品着滋味慢慢吃，但是我更想赶紧吃到肚子里，生怕有人发现。馒头是干的，也不就着东西，但是我吃着还是很香，噎到了也是很香。我用衣服接着掉的馒头渣儿，最后也都吃掉，我就回家了。

　　问题 3：那我二姑呢？

　　答：你二姑没有我果断，她想的是放在被子里，晚上睡觉的时候慢慢吃。可是往被子里放的时候被你大姑看见了，她告诉了你爷爷。你爷爷一数，少了两个，问你二姑谁拿下来的，那一个呢？你二姑害怕，都说出来了。过了一会儿，我回来了，你爷爷二话不说就把我推床上趴着，拿起笤帚疙瘩来就抽我，抽一下问我一句。

　　"偷吃馒头啦？"

　　"没有！"

　　"啪！"笤帚抽到我屁股上了。

　　"偷吃了吗？"

　　"没有！"

　　"啪！"

　　"吃没吃？"

　　"吃了！吃了！"

"谁拿下来的？"

"我二姐！"

"啪！"

"你再说！"

"我拿下来的！"

······

你爷爷没再抽我，也没再说我。我自己趴在床上，哭了好久。晚饭的时候，你爷爷让你奶奶热了热馒头，一家人一人一个吃了，也有我的一个，你爷爷吃饭之前就说了，我下午的那个是用笤帚疙瘩换的，所以也吃。那是我第一次偷东西，也是最后一次。

2.描述一件印象深刻的因社会大环境改变而发生转折的家庭或个人事件

问题1：您印象深刻的因社会大环境改变而发生转折的家庭或个人事件是什么？

答：我初中毕业了就一直种地，村子里的人也都一样。后来流行进城打工，出去打工一年能挣好几万元，家里的地忙一年也挣不了一万块钱啊。人们为了能出去打工，都开始学技术，学电工、钳工，学装修，学木匠，也有什么都不学，卖力气的。即使卖力气，也比种地强。

我本来也打算学门技术，出去打工，但当时你舅姥爷开了一家砖窑厂，缺人手。他给的钱也不少，我又是他外甥，不会让我受累，就在咱们乡里，离家还近。要是出去打工，只能我自己出去，你妈需要照顾公婆和你。但是在砖窑厂，早晨去，傍晚回，我和你妈都可以去。我们两个挣的钱，顶一个半出去打工的人挣的钱，所以我和你妈就决定去砖窑干活儿，日子一时间过得很好。

问题2：后来呢？

答：刚开始，砖窑的生意也是很不错的，干活儿的人都是乡里几个村的，聚在一块干活儿气氛也很不错。过了几年，开始流行空心砖。空心砖好用又便宜，很多人盖房子开始选择空心砖，空心砖材料更环保，也得到了政府的支持，我们砖厂的生意就一落千丈了。在砖厂干活的人陆陆续续都撤出身去了城里打工。我和你妈仍然坚持留在厂子里，说是相信厂子会转危为安，实际上是心里不能接受事实。后来厂子倒闭了，我不得不去城里打工。

问题3：打工的日子是怎样的？

答：我出来的晚，其他人已经打工多少年了，市场都占据得差不多了，我只好跟着咱们村子里的队伍，卖一卖力气，挣钱虽然不少，可是太累。我腰疼的毛病，就是打工这几年落下的病。可是你要上学，家里要吃饭，我就是再累，也得咬着牙坚持啊。

问题4：从这些经历中，您有什么收获吗？

答：人呀，眼光要放长远。我错过了打工潮，选择在砖窑干活儿，当时看好像做出了正确的选择，然而从长远来看，还是错了。我如果年轻时学会一门技术，外出打工就更轻松，钱也挣得多些，也不至于落下腰疼的毛病。永远不要和潮流唱反调，潮流之所以成为潮流，是因为它的合理性。

3.个人成长过程中最值得骄傲或者自豪的一件事

问题1：爸爸，你这辈子最自豪的事是什么？

答：我是一个家庭主义者，我最爱我的家庭，我愿意为我的家庭奉献。我学历不高，本事也不大，但我尽全力让我的家庭和睦，让每一个家庭成员感到幸福。

问题2：您能具体说说吗？

答：先说你妈妈。我十八岁和你妈妈结婚，当时我还并不成熟，但随着我的成长，我越来越珍视你的妈妈。我们两个人很恩爱，从来没有吵过架、红过脸、动过手。我尊重她，我们在婚姻里也从来没有觉得疲惫，每天都有有趣的事发生。

再说你和你姐姐。你和你姐姐都是从小就很听话。我对我的教育是很自负的，虽然我学历不高，但是我希望把先进的想法传递给你们，终于功夫不负有心人，你考上了很不错的大学，品质温良，孝敬懂事，各方面被人称道。你姐姐虽然不是考大学的材料，但是现在结婚了，相夫教子，孝敬公婆，邻里夸奖，我很欣慰。

还有你的姑姑们，她们现在都结婚了。我团结她们，她们回娘家会有很亲切的感觉，我们一起赡养你爷爷奶奶，从没发生过纠纷。

最让我高兴和自豪的是你爷爷奶奶。我孝顺你爷爷，满足他所有的小喜好。你爷爷喜欢喝酒，我给他买好酒，但是我担心他喝多，所以我把酒藏起来，每次只给他适量。

你爷爷喜欢听戏，我给他买收音机，还给他下载好了名段，排好顺序，另外下了许多经典评书。你爷爷从来没有花过自己的钱，他的衣食我统统照料好。你爷爷生前活到了九十岁，一辈子没有生过大病，晚年更是享受了子孙绕膝的天伦之乐，每天都开开心心的，最后寿终正寝，也算是喜丧了。

你奶奶现在也要九十岁了，身体也仍然很棒，还闲不住，整天洗洗涮涮，炒菜做饭，身体硬朗。我希望她多休息，可是既然她闲不住，就索性顺着她，让她有事可做。

你奶奶好吃鱼，尤其最喜食糖醋鱼，我就每次集市上给她买一条鱼回来，我做不好糖醋鱼，就给她做葱油鱼。村西饭店承包酒席的时候，大厨动炉火，我总会去嘱咐一声，多做一条糖醋鱼，我买来给你奶奶吃。做子女的，最大的愿望就是父母身体健康，我很自豪，你爷爷奶奶都开开心心地活到九十岁了，我还会继续孝顺你奶奶，让她更长寿，多享受。村子里上九十的老人不多，咱家就占了两个，村子里的人没有不羡慕、不夸奖的。虽然我没有能力让我的家人过上更好的日子，但是我尽力让他们过上幸福的日子。

问题3：爸爸，感谢您的付出。我觉得在您的影响下，我也成为一个家庭主义者，我最看中的就是家庭的幸福。在今后，您对我有什么要求或建议吗？

答：你已经很棒了，爸爸不能要求你更多，只希望你每天都开开心心的，有自己的追求。至于建议，爸爸希望你以后交了女朋友，要首先学会尊重和理解，这是两个人在一块的基础。你在以后人生道路上遇到难题时，不要憋着不告诉父母，不要只是报喜不报忧。爸爸希望你能主动和家人交流，当父母的当然是希望子女一帆风顺，但更希望你们有解决不了的问题就和父母谈，解决困难，实现真正意义的一帆风顺。

访谈二

受访者简介

祖父，91岁（1931年生），小学文化程度，1949年于陕西省榆林市参军，1952年转业至省机关单位工作，1956年10月在榆林煤矿工作，两年后因受伤在家中休息。1963年分配至西安石油勘探仪器研究所上班，1989年退休至今。

父亲，42岁，初中毕业后在西安打工至今。

对祖父的访谈

1.在过去的年代里印象最深刻的艰难事件

问题1：在过去的年代里，您印象中最深刻的艰难的事情是什么呢？

答：在以前的日子里，生活都很艰难，小的时候吃不饱饭是常有的事情。在我十二三岁的时候，我的母亲就去世了，我的父亲身体又不好，家里兄弟姐妹还很多，一共五个人，那个时候的日子真的很艰难，基本上都吃不饱饭。而且冬天也没有棉衣，仅有的几件衣服上都是补丁。我是家里的老大，为了给家里减轻负担，所以很小的年纪就去当兵，总有一口饭吃。

问题2：那个时候的生活的确很辛苦，老百姓的衣食都没有保障，更谈不上住和行了，那么除了生活上的艰辛，您在当兵的时候有什么印象深刻的经历呢？

答：有一次打仗，一颗子弹从我的腿上穿过去，当时也没在意，后来去医院才把子弹取出来，医生还感叹说差一点儿腿就保不住了要截肢，我当时内心也非常害怕。后来才慢慢康复，直到现在腿上还留着一个疤痕，想起当年在战场上生死不顾，爷爷能活到现在也不容易啊。

问题3：战场上子弹穿梭，一场战斗死伤无数。即便是现在看一些战争的纪录片时，战争场面的惨烈也令人胆战心惊，可以想当时的战场是多么危险。

答：是这样的啊。现在想想能从打仗中活下来也不容易啊。还是现在的社会好，不用打仗，还能吃得好，穿得好。当时你无论干什么都要注意着周围的环境，不知道从哪儿就冒出来的一颗子弹要人命呀。

2.描述一件印象深刻的因社会大环境改变而发生转折的家庭或个人事件

问题1：这么多年来，在您的印象中有什么因为社会大环境改变而发生转折的家庭或者个人的事情吗？

答：那应该就是1949年新中国的成立了，终于不用打仗了。1949年解放，将枪上缴后，分配到省里工作，但由于我是小学文凭，文化程度低，无法胜任省里的工作，所以干了一段时间后，我又被调到榆林的煤矿上工作，煤矿的工作确实比省里的文职工作辛苦，但是我能胜任这份工作呀。知识就是工作的一个门槛。所以，知识还是很重要的，你一定要好好学习。

问题2：知识确实很重要，只有掌握一定的知识或者技能，才能在现在社会上生存。在这之后，您是怎么来到西安工作的呢？

答：煤矿上的工作不只是很辛苦，而且也比较危险。有一次在工作中我受了伤，就从煤矿上退下来，在家里休息了一段时间。再后来，我又被调到了西安石油勘探仪器研究所工作，主要负责后勤工作，因为我调到了西安工作，所以把户口从榆林迁到了西安市临潼区，在临潼区和你的奶奶相遇最后结婚生子。平时我在西安市区工作，每周回去一次，你奶奶一边抚养三个孩子，一边还要在家里种地，但日子也渐渐好起来了。

问题3：也就是说新中国成立后国家在不断发展，我们家的日子也在渐渐地变好了。

答：对。在那之前到处都在打仗，种地也是靠天吃饭，但是家里人又多，经常吃不饱饭。解放后，大家的生活都慢慢地好起来，起码大家都能吃饱饭了。没有新中国的成立，也就没有现在这么好的生活。

3.人生最值得骄傲或自豪的一件事情

问题1：在这些年里您做过各种各样的事情，那么在您的成长过程中您觉得有什么最值得骄傲或自豪的事情吗？

答：那应该就是我在农场的时候干过的一些事情了。1969年分配到咱们村子里管理农场，那个时候不像现在，只要有钱就能买到耕作的机器，在那个时候购买一些农业机器很困难。我当时在西安单位工作，买这些机器比较方便。所以在工作期间，我在单位的帮助下为当时的农业合作社采购了很多农业机器，做了很多实事，极大地提高了耕作的效率，受到了咱们村子里人们的尊敬和感谢，当然，我也很自豪能为村子里办一些实事，也算是尽力做一些自己能为集体做的事情。这就是我觉得值得骄傲和自豪的事情。

问题2：一个人能够向集体或其他人贡献自己的一份力量，不仅会受到他人的赞扬或尊敬，自己也会感到非常自豪和骄傲，这也是自己人生价值的一种体现了？

答：没错。让自己自豪的事情不一定是自己取得了一些成就，帮助其他人，帮助集体同样能使自己感到非常自豪。

对父亲的访谈

1.经历过的印象深刻的艰难事件

问题1：在您记忆中出现过的印象深刻的艰难事情有什么？

答：在我小的时候，可以说是我的母亲一手把我们兄弟姐妹三个人养大。那个时候，你爷爷在西安市区上班，每个星期就回来一次，你奶奶一个人在家既要照顾我们三个孩子，又要种地。虽然你爷爷在西安上班，但是工资也不是很高，奶奶一个瘦弱的妇女，扛起了一个家庭的重担，真的你很难想象当时她老人家要承受多少生活的艰辛。

问题2：奶奶的确是一个很勤劳并且勇敢的人。在我小的时候，她也给我讲过一些过去的事情，但是从来没有抱怨过那份艰辛。那在那段日子里，有没有一件令您印象深刻的事情呢？

答：让我想一想。有一件事情我到现在还记忆犹新。小的时候，有一次我一个人在家门口玩儿，突然抽风，失去了意识。我的母亲发现后急忙把我抱到当时村子里的诊所找大夫看病，诊所在新河，一个离我们家七八公里的地方。当时没有其他交通工具，只有一辆自行车，路面也不像现在都是水泥路。那天刚好是下雨后不久，路面泥泞不堪，根本没法骑自行车。你奶奶找了村子的一个人帮忙，用自行车推着我赶到新河。大夫看过之后给扎了几针，也没什么效果，只是说赶紧送

到西安市儿童医院。

奶奶当时走得很急，没有带钱，还是当时公交车站有一个好心人给了奶奶钱才坐上了车，那个好心人还跟着我们一起到了儿童医院，帮着垫了一些钱。等办好住院手续，奶奶的心才稍微放下来，给爷爷打的电话，之后你爷爷才坐车来到医院。当然这件事也是我长大后你奶奶才告诉了我的。她真的很不容易，用自行车推着我走七八公里的距离，而且看病的过程也是一波三折，真的不容易。

2.描述一件印象深刻的因社会大环境改变而发生转折的家庭或个人事件

问题1：在您的成长过程中，社会大环境发生了很大的变化，那么在你印象中因社会大环境改变而发生转折的家庭或个人事件有什么呢？

答：那应该就是家庭联产承包了。1982年之前，土地的所有权属于大队，那个时候村民们都是为大队在地里劳作，在收获的季节里根据劳动的天数和劳动力的大小来分配粮食。但是如果劳动的时间没有达到一个固定的数目，还要向大队上缴一定量的粮食。那时候，由于你爷爷在西安上班，奶奶一个人在家，照顾三个孩子的同时在大队的地里劳动，劳动时间很有限。毕竟奶奶只是一个普通的妇女，劳动力肯定比不上男劳力，因此每次分粮食的时候，还要用我的父亲的工资来贴补上缴集体的粮食，所以那段时间咱们家的生活过得还是很艰难的。

除了咱家这种特殊情况，还有一个普遍存在的情况，就是那个时候大家都觉得是为大队劳动的，所以村民们在集体劳动时会存在一定的懈怠性。1982年之后，实施家庭联产承包责任制，包产到户，土地由大队分到每个家庭里，土地里种什么，怎么种都由自己说了算，并且最后每家每户收获的粮食都属于自己，不再需要上缴到大队，所以家里那个时候一下子减轻了很大负担，生活水平也提高了。我们不仅不会饿肚子，家里经常还会有剩余的粮食可以卖钱。包产到户不仅提高了大家的生活水平，而且也极大地提高了大家的劳动积极性，土地包给了每个家庭，人们也有了奋斗目标，劳动的时候会更加积极。

问题2：所以在包产到户之后，大家都是为自己辛苦劳作，也都心甘情愿，劳动也会更加积极，生活水平也就提高了？

答：是这样的。所以说这个改革是非常好的，是切实为老百姓们的生活考虑。正是这些一个个正确的政策的实施，我们国家才一步一步地发展起来，最终还要实现现代化。

3.个人成长过程中最值得骄傲或者自豪的一件事

问题1：您已经经历了各种各样的事情，那么在个人成长过程中有哪一件事情是您觉得最值得骄傲或自豪的呢？

答：我想想。应该是在西安地铁二号线开通之前的时候。地铁二号线位于西安市南北的中轴线上，小寨站又刚好处在一个四通八达的地方。地铁的施工要向地下挖，而地下又铺设了很多电信设施的线路，所以在地铁施工之前要将小寨站附近的所有电信线路包括有线电话线和数据传输的线路进行改迁。另外，由于小寨站地处十字路口，电信线路非常复杂，大概有几百条，工作量巨大，然而工程期很短，要求40天内完成。为了不影响附近居民的正常生活，所有接线工作都要在晚上完成，所以那一段时间真的是白天晚上都在不停地工作。我作为这项工程的一线负责人，压力很大，但是结果很成功，最终带领着队伍提前十几天完成了线路改迁工作，使地铁施工能够按时进行。可以说，我也是为西安地铁的修建贡献了自己的一份力量，所以我感觉很自豪。

问题2：能参与城市建设这样一项巨大的工程确实是值得尊敬的，老爸的爱岗敬业也是值得我学习的品质。

答：哈哈，我的确非常荣幸并且很自豪能够参与这座城市的建设。

访谈三

受访者简介

祖父，1931年生，广东河源人，城市户口，小学文化，曾任村党委书记，1981年响应号召，带领家乡青壮年成为深圳的第一批建设者，参与建设深圳市罗湖区莲湖街道。

父亲，1969年生，广东河源人，城市户口，专科毕业于华南理工大学无线电专业，现任职于香港利丰贸易集团。

对祖父的访谈

1.在过去的年代里印象最深刻的艰难的事情

问题 1: 爷爷，您这一辈子有什么事情或者什么时期很艰难让您印象很深刻吗？

答：那多了去了，比如我小时候日本侵略中国的时候，外面乱得很。

问题 2: 当年日本侵略者有没有打到老家啊？老家是国统区、根据地还是敌占区啊？

答：当时是国统区，日本军就占领了广州香港那块地，没打到我们这些农村地方来。

问题 3: 爷爷为什么不去当兵啊？

答：我也想去当啊，但是因为身高不够啊，国民党拉壮丁都不要你爷爷。而且当时我们连饭都吃不上，一个个都瘦得皮包骨头，我小时候家里穷，每天吃了上顿没下顿，所以也长不高，就没有去当兵，留家里种地了。

问题 4: 那国民党那些兵坏不坏啊？他们是一心抗日吗？会不会欺负老百姓啊？

答：国民党的那些兵也是农村抓的壮丁啊，他们也是中国人，他们也恨日本侵略者，那个时候，是个兵都想着打日本侵略者，对那些日本侵略者是真的恨啊，国民党坏的都是国民党的高层，有些坏得很，不好好抗日，一心想着对抗共产党，底层的军官还是很好的，他们都是老百姓啊，他们只是为了国家和平，才投身抗战，弃耕从军，投笔从戎的。

当时我们老百姓省吃俭用，粮食都捐给军队了。只要打侵略者，他们就是英雄，就是抗击日本侵略者的英雄，都是有血性的中国人！只要是为了民族解放抗击日本侵略者的战士，每一个战士都是值得被尊敬的。

问题 5: 那当时连饭都吃不饱的情况下还把自己的粮食捐给军队，都是伟大的中国人民啊，正所谓军民一家亲，打败日本侵略者的就是我们的抗日统一战线和军民空前团结一致对外吧？

答：是啊，军民本是一家嘛。他们为国家付出了这么多，也应该理解和体谅他们。虽然那个时候大家都很不容易，但是军民团结一致抗敌，为那段黑暗的历史撕开了一道口子，让人们看到了希望，有了希望才有继续抗争下去的动力啊。

2.描述一件印象深刻的因社会大环境改变而发生转折的家庭或个人事件

问题 1: 今年是祖国七十大寿，这么多年有什么让您印象特别深刻的事情吗？

答：有啊，那是 1980 年，邓小平同志在南方画了一个圈儿，从此就有了深圳经济特区，当时的深圳还叫宝安县，那时候是真的穷，就是一个小渔村，还没咱们老家好。

问题 2: 那你怎么会想着去建设深圳呢？

答：我当时是村里的党委书记嘛，响应祖国的号召，响应邓小平同志提出的改革开放，就带着村里的农民一起去了，成了深圳的第一代建设者。

问题 3: 那当时他们也愿意和你去吗？

答：愿意啊，留在老家就是种田，去了深圳工资又高，还有国家的政策支持，所以就都去了。

问题 4: 那你们去那里都做些什么啊，你当时都五十岁了，总不能干重活吧？

答：刚来的那会儿，到处都是田。想致富先修路嘛，当时就先修路，当时都是每个村的干部带着人来的，村干部就指挥咯，就像现在的工地上的小领导一样，大家一起建设，实现共同富裕，最先开发的就是现在的罗湖区，建好以后就是深圳的市政府所在地了，罗湖区离香港也近，那里有个罗湖口岸，好多香港人从那里来内地，给内地带来了很多商机，又有国家的政策优惠，所以深圳发展就特别的快，当时的国贸大厦，三天一层楼，全世界都知道了，那都是上了报纸头条的。后来的地王大厦速度更快，两天半一层楼，真的就是深圳速度啊，那个时候全国人民都知道有一个口号：时间就是金钱，效率就是生命。

问题 5: 这个口号现在蛇口那里还有，我前段时间还看见了！

答：对啊，那个口号就是在改革开放初期，蛇口打响开山第一炮的时候提出来的。后来深圳有了证券交易所，那了不得，当时的股票一上市就飞涨，好多人买的股票就像买中了彩票，特别赚钱，全国好多人买了火车票来深圳买新股，那证券交易所经常一堆人挤在那里，哪像今天的股市这么低迷。深圳发展得特别快，感觉自己响应党的号召来建设深圳，是我这辈子做得最正确的决定。

问题6：当时是不是有人提出疑问，说深圳是姓资还是姓社吗？

答：有啊，那段时间发展的速度放缓了，人们也都不敢放开干了，因为之前十年"文革"的时候，一被扣上帽子，直接就被拖出去批斗了，所以当时我们也一下子都不敢放开来干。后来邓小平同志"南方讲话"的时候说了一句："不管黑猫还是白猫，只要抓得到老鼠，就是好猫。"小平同志的话给了我们很大的鼓舞，他鼓励我们不要畏畏缩缩，要杀出一条血路来，要勇当改革开放的尖刀兵。

问题7：是啊，邓小平被后人称为改革开放的总设计师，深圳算是小平爷爷一手建造的，我们同学之前，每每提起邓小平都十分尊敬他，亲切地称他为小平爷爷，没有邓小平就不会有改革开放，也就没有如今的中国，真是一代伟人。特别是刚刚经历了十年"文革"，能够拥有这样一位具有前瞻性领导人，真乃国之大幸，成功地将中国从十年的颓势中拉了起来。

答：你们生在深圳，从小在这座城市长大，就更要不忘初心，牢记使命，敢于创新，勇于奋斗，争当时代的弄潮儿，做一个对社会有用的人，为城市添砖加瓦，为祖国繁荣昌盛奋斗，为改革开放贡献一份自己的力量。

3.人生最值得骄傲或自豪的一件事情

问题1：爷爷有什么很值得骄傲的事情吗？

答：最骄傲的是加入了中国共产党，成为党委书记，带领村民一起建设一起富裕。

问题2：为什么入党这么骄傲？

答：以前入党是一件很稀罕很光荣的事情，说明你这个人思想上进，说明你有思想，是个进步青年，具有一个共产党人该有的优良品质，是对你的一种肯定，能做村里的党委书记，是对你能力的一种肯定，让你带领一群人一起建设，给你提供了很多机会去施展才华，是一件莫大的光荣。

体验过国民党的腐败统治以后，共产党来了，他给人民分土地，让人们吃上了饭，有衣服穿，从此衣食无忧，所以人们都很崇拜共产党，都争先恐后地想要入党，不像现在的那么多小年轻，共产党给大伙儿带来了美好的生活，吃饱穿暖，社会和平安定，他们却整天在那里说三道四，说共产党哪里不好，嫌弃入党，这种思想是错误的，没有体验过艰苦的生活，不知道共产党的好，才会产生这种错误的想法。在我们这一代，加入中国共产党真的是一件十分荣幸的事情，为人民服务是我的荣幸，所以我一直引以为傲。

对父亲的访谈

1.经历过的印象深刻的艰难事件

问题1：爸爸，你一生中有什么很艰难的时刻让你难以忘记吗？

答：有啊，2005年当时我们不是搬家吗，之前还住在关外，你妈妈想找个好一点的学校，买个好一点的学区房，就在南山这边看房看了好久，后来决定了就在现在这个小区买房，当时付完首付以后连装修的钱都没有了。

每个月发工资以后，钱刚好就够付装修的钱。家里还是要吃饭的嘛，当时你还在上幼儿园，又经常生病，总怕你有什么事情急需用钱，那时候真的是精打细算，能省的都省了。

问题2：为啥我没啥印象？

答：因为那时候你还在幼儿园上学，晚上才接回来，当时白天会在新家看别人装修，我和妈妈经常中午在外面随便买一盒饭或者饺子就当中午饭吃了，那个时候回来好晚，经常会把你放在幼儿园老师那里，晚上七点多才去接你，差不多每天都是如此，周末的话又不敢把你一个人放在家里，又不能把你带到新家那里去，不安全，就只能我和妈妈轮流去看别人施工。

问题3：哦，有点儿印象，当时总是在幼儿园待好久，但是感觉生活质量也没什么下降啊，日子还是那样过，就只是你们每天回来晚一点而已。

答：那肯定，当时你弟弟还没出生，家里就你一个，该花的钱都要花，哪敢在你身上的开支里面动手脚呀？最多就是少带你出几次门，少带你去几次游乐场、游戏厅，你想吃啥不还是照样给你买，想去哪儿不还是照样带你去。

2.描述一件印象深刻的因社会大环境改变而发生转折的家庭或个人事件

问题1：那你有什么印象特别深刻的事情吗？

答：有很多件事，让我明白了人这一辈子吧，生命很重要。

问题2：那具体是什么事情呢？

答：当时深圳清水河大爆炸，这场灾难性的爆炸，差点将深圳夷为平地，被列为全国重大事故典型案例之一，当时一个化学仓库爆炸，根据当时报社的记者报道，现场直接升起一朵蘑菇云，方圆几公里，包括我住的宿舍玻璃都被震碎了，当时人们都以为是地震了，都纷纷跑下楼，出门一看，天都黑了，不远处的危化品仓库直接爆炸了，爆炸一个接一个，闷响一声接一声，不远处还有几火车天然气、双氧水和汽油，当时都说要是这些也爆炸了深圳就整个都没了，还好后来控制住了。经历过之后才知道真的要好好珍惜生命，因为真的随时都可能说没就没了。

问题3：当时情况很糟糕啊？

答：方圆几百米的建筑全部炸塌，几公里的玻璃全部震碎，消防员都牺牲了好多，而且当时二次爆炸的时候，现场指挥的公安局副局长都当场牺牲了，消防员、公安干警受伤的也好多，后来火势虽然控制住了，但是整整半个月才将火势扑灭，所以经历这件事以后你爸就开始惜命了，意识到这些意外真的不是你能控制的，所以一定要好好珍惜生命。

问题4：那还有什么事情呢？

答：我有个同事，前几天还一起上班来着，突然有一天人就没了，剩下妻子和孩子在家中，一个人走了。当时，突然领悟到了生命的脆弱，要好好珍惜生命，什么都没有身体健康最重要，你一定要记住：钱再多，人没了又有什么用呢？一定要身体健康，身体才是革命的本钱，身体不好什么都是空谈。

我和你妈妈也是那种很容易生病的体质，当时查出来我有颈椎病的时候，我本来以为不会有太大影响，但是后来我一个得颈椎病的同事告诉我，他有一次在开车的时候颈椎病犯了，头晕目眩的方向盘都抓不稳，特别危险，我就决定不要开车了，不只是为了我自己的安全，更是为了家人。

3.个人成长过程中最值得骄傲或者自豪的一件事

问题 1: 那你人生中有啥最骄傲的事情吗？

答：咱们客家人十分重视对子女的教育，我最骄傲的事情就是当初做出了一个正确的选择，在南山区买了学区房，让你有一个好的学校读。

问题 2: 为什么，原本在龙岗那边不也是有学校读吗？

答：当时龙岗的学校没那么好嘛，学校里面有抽烟喝酒打架的现象，我们不想让你在那种环境当中长大，所以你幼儿园还没毕业就想着给你找小学，买学区房。

问题 3: 哪里都有小混混，都会有淘气的小朋友，那我自控能力好不就行了吗？

答：话是这样说没错，但是谁也没有把握你能不能控制住自己，万一你浑了，真的跟小混混玩一块儿了，最后也变成小混混了，那我教育得也就太失败了。

虽然哪里都有小混混，但是毕竟南山区在关内，教育条件好一点，像什么网吧也会少一点，而且你们学校是南山区数一数二的好学校啊，是素质教育里面办学经验相对成熟的学校之一。我们既不想你变成一个小混混，但是我们也不希望你变成一个书呆子，只会读书，我们更希望你可以全面发展，所以当时挑学校的时候也是挑了好久，要找一所关内的，周边环境好的，有多年素质教育经验的好学校。

毕竟在我们客家人看来，子女的教育是放在首位的，什么都没有教育重要，就算家里再落魄，读书的钱多少都舍得花，因为我们祖辈以前都是穷怕的农村人，对于穷人家来说，读书是最好的出路，所以才会有这样的想法，所以当时为了给你找一所好的学校，穿过了半个深圳来南山区买的学区房，现在回过头来看，感觉当时做出这样一个决定是十分正确的，所以这是一件让我感到十分自豪的事情呀。

由于小学和初中都是按片区划分的，你就读的小学和初中是一个教育集团的，都是很好的学校，当然高中就是你凭自己的实力考了，和父母没有太大的关系了。但在你自己决定自己命运之前，我们算是给你铺了一条特别好的路了，所以我们感到很满足也很自豪，我们给了你我们所能给的最好的条件，虽然不像别的人家，上什么贵族学校，但是我们给了你我们能给的，给你报兴趣班，培养你各个方面的能力，让你琴棋书画各方面都有所涉猎，全面发展，并且你认真学习，学有所成，这就是身为父母的骄傲所在。

访谈四

受访者简介

外公，86岁，1947年参军任通讯员，亲历开国大典，现为社区巡逻队的一名义务队员，老党员、老积极分子，见证了新中国从建立到富强的全过程。

祖父，85岁，爱好广泛，不爱张扬。1956年从铁路运输管理系毕业，之后远赴美国宾夕法尼亚大学研究生院深造。回国后曾南下经商，退休前在铁路行业工作，大多数时间任教。现退休居住在天津市武清区。

祖母，80岁，性格豁达乐观。从小学一直上到大学，受过良好而系统的学校教育。曾陪同丈夫南下经商，后又返回家乡授课，之后一生从教，现居住在天津市武清区，依然能独自在市区内走亲访友。

对外祖父的访谈

问题：外公，能不能把您这一生的经历给我做个简短的介绍呢？

答：我1947年参军，在当时的华野4纵队12旅34团团部担任通讯员，后被选派到晋察冀无线电专科学校学习专业技术，毕业后被分配到北京炮兵司令部电台工作，曾亲眼见证了1949年的开国典礼。

1959年由于身体原因转业，到了煤炭部天津煤矿专用设备厂工作，

1992年离休后，仍然在其他岗位上发挥着余热。现在是体育馆街道的一名老居民，社区巡逻队的一名义务队员。

1.在过去的年代里印象最深刻的艰难事件

问题：您对咱们中国的变化可真是如数家珍啊，可以说说在您当时生活的时代里，所经历的印象最为深刻的一次艰难事件吗？

答：那肯定是1960年代咱们偿还苏联债务的时候呀，当时毛主席在中央政治局会议上说："不管怎样，过去我们答应买武器弹药按半价的，现在我们还是按半价还债，一个钱也不赖。经济建设的设备也是一个钱不赖，欠多少还多少。因为这是苏联人民的钱，我们要对得起苏联人民，在我们困难的时候他们帮助了我们。现在他们领导反华，但是钱是苏联人民的钱，还是全部还清。各地方、各部门要下决心把东西挤出来。"

向苏联还债无疑是加剧了三年经济困难。在那几年里，增加出口农产品就意味着减少咱们中国人的宝贵食物。这本是一个无须讨论的问题，但咱们并没有把这些归咎于还债，官方文件从没有写过"逼债"造成三年经济困难，以后更是实事求是地自己承担了责任。新中国成立以后，中国人也变得有骨气、有担当起来了，咱们欠人家的债，就一定要还给人家，不像现在美国，欠多少国家的钱呢，还钱的事只字不提，厚着脸皮只顾自己发展。

哎，当时也真是可怜了中国的老百姓啊，那时候大家对于还债这件事都是支持的态度，家家户户节衣缩食，把粮食省出来，交给上面，拿去还苏联的债，日子过得紧紧巴巴的，一天只吃一顿饭，还要劳动，但是还好咱们还清了债务，腰板儿也硬了，日子也一天一天回到了正轨。

2.描述一件印象深刻的因社会大环境改变而发生转折的家庭或个人事件

问题：在您所经历过的这么多中国飞速发展改变的历程中，有没有因为社会大环境改变而发生转折的家庭或个人事件？

答：真的要感谢国家的退伍军人的保障措施，当时我们当兵的时候，想的只是为国家效力，能够保家卫国，可国家想得更加周到，陆续出台了咱们的退伍军人保障法，让咱们军人在退伍后也能享受国家的福利，比如四项养老金，基础养老金、个人账户养老金、缴费年限养老金、优待养老金，还有县委组织部基层办曾有一个"三老人员"补助的政策，"三老人员"是指老模范、老干部、老党员，今年把老军人也纳入了补助范围，由"三老人员"变为"四老人员"，咱们真真切切感受到了国家对咱们的关照啊！

3.人生最值得骄傲或自豪的一件事情

问题：可以谈谈您个人经历中最值得骄傲的事情吗？

答：我当年在华野4纵队12旅34团团部担任通讯员的时候，曾获得过优秀党员的称号，这个可是整个团都寥寥无几的荣誉啊。在当时，我们为了拼抢优秀党员的名额，个个都在党支部大会里面踊跃发言，让自己更加有闪光点，平时训练时候更是咬紧牙关完成甚至超额完成每一项任务，大家心里都较着劲呢，最后公布优秀党员名单的时候，我整个人都在微微发抖，最后念到我名字的时候，真的是有一种苦尽甘来的感受啊！

我深刻体会到改革开放四十多年来社会发展的巨大变化，真的是感慨万千，特别是体现在衣食住行方面，咱们国家真的是变化好大，咱们国民生活质量真是直线提高啊。在20世纪70年代，大家的衣服都是以"灰蓝黑"为主色调，要是有谁能穿上件绿色的军装则显得格外光荣。那时几乎家家户户穿衣都是"新三年，旧三年，缝缝补补又三年"，一件衣服总要缝了又缝，补了又补，再传给弟弟妹妹们穿。到了80年代，衣服样式多了起来，当时流行的蝙蝠衫和踩脚裤让爱美的姑娘们都爱不释手。现在生活水平的逐步提高，人们对服饰的颜色、款式、质地、做工等也都变得更为讲究了。不同的场合和季节常常会需要不同的服饰，而且现在网上购物提供了便利条件，足不出户就可以轻松买到自己喜欢的衣服，在这方面我真的是老了呀，看你们在手机上小手点几下，过几天就有做好的衣服送上门来，真的是我们那个年代想都不敢想的事情啊，我们那时候，想要做一身新衣服，要跑到镇上的裁缝店，量好了尺寸，交付了定金，这才有新衣服穿，你们现在点点手指就可以做到了。而且这都是过年时候才能有的奢侈事情，哪能动不动就跑去镇上铺张浪费啊。

　　再说说咱们那时候吃的东西，我现在还记得，我长大的时候，赶上改革开放初期，老百姓买什么都要凭票，家家随时都备着粮票、肉票、布票、油票、煤票等票证。随着改革开放，经济快速发展，市场经济逐步建立，那些"旧票证"成了一种纪念品，现在老百姓手中都是股票这样的有价证券了。和以前相比，餐桌上的食品丰富了不少，各种蔬菜瓜果海产品等，不再只是应季才能吃到，连过年这样的传统节日，年夜饭也从家里转移到了酒店和餐馆的餐桌上，菜品种类更加齐全了。各类进军中国市场的洋快餐，也给咱们的饮食文化增色不少呢。原来呀，我们那个居住条件，可真的是赶不上现在的十分之一，那时候，城市居民的住宅大都面积小，设施简陋，多户人家住在一个大杂院里，环境十分拥挤杂乱，而在农村，多为年久失修的土坯房，又要饲养牲畜，卫生条件更差。

　　改革开放前，虽说样式统一单调的平板房取代了建国初的破旧民居，一片片鱼鳞状的瓦片取代了破旧的屋顶，墙也不再是石砖砌成的，而是用石灰砌成的平坦而洁白的墙面，但房屋内部很少有装修，只有床、桌子、椅子等基本家具，居住条件很是简陋。改革开放以来随着居住面积不断扩大，居民们居住条件也有了明显改善，就成都路而言，原来行驶在这条路上的汽车寥寥无几，现在车水马龙，周围的各种老旧房屋有的拆迁，有的重新粉刷，旧貌换新颜。有的小院内也重新铺了地砖，环境卫生有了很大改善。配套齐全的新型小区拔地而起，有高层住宅区，有复式楼，有花园小区，甚至还有单门独院的特色别墅。真的是大变样。最让我们这些上了年纪的人感到震惊的是咱们国家的交通啊，真的是便利太多，原来哪怕是修一条路，也要耗费不计其数的人力物力，所以交通不便，自行车是比较普遍的代步工具。

　　"一五"计划期间兴建宝成铁路、鹰厦铁路、新藏、青藏、川藏公路修到"世界屋脊"，密切了祖国内地同边疆的联系，也便利了经济文化的交流;1957年，武汉长江大桥建成，连接了长江南北的交通。国家整体交通水平不断提高。改革开放后交通条件明显改善，铁路、公路和航线增长很快。高速公路的发展已经成为国家交通现代化的一个主要标志。除了跨省高速公路之外，全国许多省区都在地区内修建中短程高速公路，形成覆盖全国的高速公路网。

改革开放 40 年，京津唐、京津、京沪、京沈、津滨、津晋、津蓟、津唐和威乌高速公路的开通，加上京津城际高铁的开通，以及京沪高铁、津秦客运专线的建设，使天津通达"三北"和华东各地区的现代化大交通体系已经形成。现在我们城市的道路可谓是生机勃勃，人群涌动，车流穿梭。交通工具也种类繁多，公交路线增多、设施改善(不仅有普通公交车，还有较为先进的豪华大巴、双层巴士，车内还安装了空调、移动电视)；出租车招手即是，私家车也屡见不鲜，地铁、轻轨等新型交通工具出现。人们在繁忙的工作中发现出行的来回行程已缩短，道路也变得越来越通畅了，人们的交通观念也大为转变，假日旅游增多，国内游、出国游开始由观光型走向休闲度假型，并且出境旅游变得越来越平民化，选择也越来越多，人们放松心情度假，开始真正享受旅游带来的乐趣。哎，真的是一谈到这大中国的变化，话匣子就停不住啊，总有想说的和你们这些诞生在幸福年代的孩子们说。真希望你们可以好好珍惜这来之不易的生活啊！

对祖父的访谈

问题：爷爷，能不能把您这一生的经历给我做个简短的介绍呢？

答：我的人生很平凡，没有做出什么突出贡献。我留美回国后，本想用自己学到的专业知识，为祖国的铁路发展建功，但建国后铁路院校缺乏数学人才，我就一直担任数学老师。其实，英语、德语、数理化都是我的长项。对我来讲，"学非所用"是我一生的憾事呀。前一段时间我在电视上看到青藏铁路修建的消息后，热血沸腾，可惜我已经八十多岁，不能再做什么了，如果能年轻二三十岁，我一定到大西北建设铁路去。不过，我的遗憾在我的学生身上得到了一定的弥补，我最高兴的是培养了无数的铁路人才，他们代替我为国家铁路建设做出了贡献。我现在每天都读书看报，一个人不学习是不行的，不学习就要落后。看到有的孩子不好好读书，我就忍不住要说他们几句，要他们珍惜今天的大好时光。

1.在过去的年代里印象最深刻的艰难事件

问题：您这一生可不平凡呀，可以说说在您当时生活的时代里所经历的印象最为深刻的一次艰难事件吗?

答:我小的时候,中国还在打仗,百姓真的是苦不堪言,那时候日本人在中国作威作福,我们每天生活得都提心吊胆的,生怕哪天厄运就找上门来。吃的是有了上顿没下顿,那个时代的中国,也是灰色的,人们都很少露出笑容。

后来好了,共产党带着人民军队打了过来,解放了我们地区,带着我们一起耕作,一起劳动,大家不知道怎么,都突然对生活有了信心,日子过得也红火起来了。那时候共产党的装备并没有多好,和国民党军队比起来真的是天差地别,可是我们就是不知怎么很信任他们,他们也总是称自己是人民的军队,大家对未来有了希望,那段艰难的时光也就慢慢熬了过去,直到了打跑日本侵略军,新中国成立了,我们中国人民才真正地站起来了。

2.描述一件印象深刻的因社会大环境改变而发生转折的家庭或个人事件

问题:在您所经历过的这么多中国飞速发展改变的历程中,有没有因为社会大环境改变而发生转折的家庭或个人事件?

答:那应该就是邓小平同志宣布改革开放的时候了吧,那个时候我们响应国家号召,前往了深圳,南下经商。那时候真的可以说是遍地是黄金,只要你肯干,有点子,不管什么行业,你都可以实实在在地赚到钱,也正是这个时候,咱们国家出现了一批先富起来的人,我们当时也在这个大环境下积累了属于自己的第一笔资金。真得不得不佩服邓小平同志对于国家发展的长远目光,让先富起来的人去带领后富起来的人,来实现国家的完全脱贫。

当时"文化大革命"给国家留下了严重的局面:生产力发展缓慢,人民温饱没有解决,科技教育落后等。这种局面不改变不行。可怎样改变?答案只有一个:改革。没有当年的改革开放,咱们中国是不可能发展得如此之迅猛的。

3.人生最值得骄傲或自豪的一件事情

问题:可以谈谈您个人经历中最值得骄傲的事情吗?

答：我觉得还是考大学吧，大学的时光现在想起来对我真的是最重要，也是最骄傲的。那时候新中国刚成立没多久，大学生真的是稀罕得很，哪像你们现在，大学生早就不是什么稀罕事物了。可当时真的是千军万马过独木桥，名单出来的时候，我在街坊四邻面前炫耀了好久呢。那个时候对于大学生活也没有什么概念，就是那份真诚的激动，久久都难以忘怀。

后来我又有幸出国留学了一段日子，在留学期间，能明显地感觉到白种人对咱们中国人的歧视与轻视，那时候欧美都流行着"黄祸论"，认为咱们是世界的蛀虫，这把我们这些留学生气得要命，当时我们都发奋学习，发誓要努力深造，早日回国建设祖国，让那些白种人好好看看咱们中国的实力！

（我：谢谢爷爷，您今天说的话我都会认真地记下来，您这份回忆对我来说也是弥足珍贵的！）

对祖母的访谈

问题：奶奶，能不能把您这一生的经历给我做个简短的介绍呢？

答：我的人生经历既单纯又复杂，单纯的是，除了陪你爷爷南下经商，我退休前一直担任高中和大学的教师。复杂的是，你爷爷当年南下经商时，我的工作也受到了不小的影响。不过，最让我欣慰的是，我一生做到了独立自主，从不依赖别人。你爷爷也是教师，但是我们的很多观念完全不一样，我没有"嫁鸡随鸡，嫁狗随狗"，一直坚持自己的观点。

在工作期间，我很少和老伴在同一个学校任教，更没有依赖过任何人。因此，不管在社会上还是工作上，我都受到了人们的尊重。

我的人生有个遗憾，在50多岁的时候，我步入更年期，更年期综合症反应十分强烈，走路摔跤，经常头晕，但我当时并不懂这些，以为自己再也不能工作了，提前退了下来。其实，更年期过后，我的身体很好。提前退休让我损失很大，不仅工资是同等条件教师中最少的，更主要的是，如果继续工作，也许我会做出更大的成绩。因此，我经常提醒年轻女性，一定要了解自己，了解自己的身体。

1.在过去的年代里印象最深刻的艰难事件

问题：您这一生幸福恬淡，那可以说说在您当时生活的时代里，所经历的印象最为深刻的一次艰难事件吗？

答：我当时印象最深刻的，应该就是和你爷爷一起南下经商，那段日子真的是很苦很苦，因为我小的时候家庭条件很好，生活过得蛮幸福安定的，虽然是战争年代，但是我们家因为是镇上比较有名的经商世家，倒是也没有太过牵连，所以我所接受的教育也是很良好的，从小学到大学一直都很顺利，也没有吃什么苦头，后来我读大学的时候碰到了刚刚回国的你爷爷，当时我们感情发展很顺利，很快就确定了恋爱关系，我们也约定好了一起做教师。

后来邓小平同志提出了改革开放，你爷爷就像着了魔一样非要拉着我去南下经商，我家里人也是极力反对，但是拗不过他，最后我还是陪着他前往了深圳。开始经商。我家里原本也是做买卖的，所以我对于这些还有一些基本概念；可你爷爷真的是一窍不通，我就一直骂他为什么要这么鲁莽，什么计划都没有也要跑过来受苦。但是没办法，人都这样过来的，也只能忍下来了。当时真的是心里很脆弱，晚上有时候就会偷偷抹眼泪，这也是我后来坚持要独立自主的一个缘由吧。

2.描述一件印象深刻的因社会大环境改变而发生转折的家庭或个人事件

问题：在您所经历过的这么多中国飞速发展改变的历程中，有没有因为社会大环境改变而发生转折的家庭或个人事件？

答：我觉得是教育改革吧，当时教育体系在上级的要求下进行了全面改革，我们整个学校的老师都进行了重新考察和分配，让真正有实力有资历的老师留下来，让咱们国家的教育资源得到了有效的利用。那次教育改革也完善了教师的福利政策，真的是国家对于我们这些老师最真切的一次改革了。我们真的很感谢国家。

3.人生最值得骄傲或自豪的一件事情

问题：可以谈谈您个人经历中最值得骄傲的事情吗？

答：那应该是作为教师的时候教育了一批又一批的有志青年吧，

我的大部分人生都奉献给了教育事业，所以我最骄傲的事情也在教育事业上，做老师的虽然说是无私奉献，但我们有时候在培育出对社会对国家建设有帮助青年的时候，我们也会由衷地感觉到自豪和骄傲。我们最惊喜的就是曾经教过的学生在自己的行业里取得了成绩，回来看看我们，和我们聊聊天，在那个瞬间，我们是最骄傲也是最自豪的。

教育事业没有尽头也没有终点，我们能做的只有贡献自己微薄的力量，为一批又一批的莘莘学子，点燃他们路上的一盏盏明灯而已。

访谈五

受访者简介

祖父，生于 1941 年，新中国成立后上学读书，后来考到了西安音乐学院。之后回到家乡，在县里的高中当教师至退休。

父亲，生于 1968 年。1987 年 10 月参军入伍，1991 年 7 月复员回到汉中工作。期间于 1994 年至 1996 年脱产在陕西理工大学进修，大专学历。之后和几位同学一起南下广东去闯荡。2003 年左右回原公司上班至今。

对祖父的访谈

1.在过去的年代里印象最深刻的艰难事件

问题 1：您还记得新中国成立前，您小时候的生活吗？

答：时间太久了，已有些记不清了。只是记得在我四五岁的时候，国民党从汉中撤出了，汉中解放了。

问题 2：那段时间生活是怎么样的？

答：只是记得汉中在解放后，不用再为打仗每天提心吊胆的。周围的大人们逐渐恢复了正常的生活，小孩子也可以在田间随意玩耍。

问题 3：那时粮食有保障没，会不会经常饿肚子？

答：饿肚子是经常有的事。之前国民党横征暴敛，每家每户没有什么余粮。到了收水稻的时节，又会因为大雨导致欠收。虽然没有饿死人，但是大家的生活都不好过。我还记得当时父母为了我们几兄弟能吃好饭，还会到山里面摘野菜野果给我们吃。

2.描述一件印象深刻的因社会大环境改变而发生转折的家庭或个人事件

问题 1：那新中国成立后，生活是不是发生了明显的好转？

答：那是当然。干部们经常会去群众家里了解情况，还会组织大家一起劳动，给人们讲科学的种植方法。人们倒也不用每天为了吃饭的事发愁了。党和国家还给我们建了学校，让我们这些人有学上。

问题 2：当时您上学是什么样？你又是怎么接触到音乐的呢？

答：我们那时上学可是非常轻松的，不像你们现在这么多作业，主要也是时代在进步。我大概上了初中才接触到音乐的。当时音乐课上只是很简单地学唱歌，然而我却觉得音乐十分有意思，可能是从那时候就影响到我以后的人生了。再后来，我便考取了西安音乐学院，开始了更正规的学习。

问题 3：在您上大学的时候是不是赶上了那个动荡的年代？有没有像其他同学一样参加过游行之类的活动？

答：大概是在我学业最后一两年经历的。确实，那个时候对学业的影响非常大。学生们基本上已经不上课了，每天的活动基本都是游行、宣传。我参加过一两次的游行，但后面觉得那样太激进了，不应该是学生做的事情，所以就没再参加过了，回头将精力放了学习上面。

问题 4：那有没有响应国家和党的号召上山下乡？

答：哦，那倒没有。那时我已经回到县里的中学开始给学生们教课了。

问题 5：是这样呀。当时在学校里是教学生学习音乐吗？还是其他课程？

答：主要是音乐嘛，因为我主修的便是音乐。但由于教师资源还是太缺乏了，很多课程没有老师教，学生也学不到。后面便听从学校安排，开始自学一些地理知识，并开始给学生们教地理课。

问题 6：那在 1977 年恢复高考后，学校或者学生有什么大的变化吗？

答：得知高考恢复了，所有的人都在欢呼雀跃。不单单是老师们，更是那些因为动荡被迫中止学业并且还在学习的学生们，这是让他们摆脱现状的唯一方式，唯一可以去见识更广大世界的途径。他们那时每天都会在劳动的空暇时，抓紧学习。他们有的也不只参加了一次高考，三四次是常有的事。我也为他们能考上大学感到开心。

3.人生最值得骄傲或自豪的一件事情

问题1：可以谈谈您个人经历中最值得骄傲的事情吗？

答：其实，那时汉中还是非常落后的，恢复高考后，能够支持自家孩子去上大学的没有多少，大多数孩子在上到初中后，就辍学回家或者出去谋生了，能读到高中的已经寥寥无几，更不要提大学生了。

作为一名老师，看着那些不能接受教育，以后的人生便会和他的祖辈一样的学生，我感到十分痛心。对于一些有天资的学生，我会到他们家中，跟他们父母沟通，给他们说学习的重要性，希望家长能够尽量支持他们去学习。当然，也不是说一定要上大学，但至少能多学一天是一天，这可能对一些学生乃至他的家庭产生一些影响和改变吧。

问题2：那您有没有觉得现在的生活跟以前比发生了很大变化？感觉到作为中国人挺骄傲的？

答：咱们国家在改革开放后的这几十年，赶上了发达国家上百年的发展，你说这不是梦一样的吗。简直如梦幻般的发展，作为中国人都很骄傲！

就拿我现在的生活来说，每天早上都可以在政府办的惠民市场买到便宜实惠的蔬菜、肉。现在只要你想吃肉，每天都能吃到。就不说我小时候了，就是你爸小时候想吃肉都得等到过年。过年时买上不到两斤的肉给全家人吃，那一个人才能吃到多少呢。现在过得太幸福了。

还有国家对于医疗，老年人的医保是越来越重视了。以前大家对生病这件事那是非常怕的，没有医保，医药费可是非常贵的。你看现在政策实在是太好了。去年冬天我不是做了个手术吗，还住了一个多月的院。正是因为医保报销，那个手术实际上没花多少钱。

这些年，国家发展确实是突飞猛进，咱们的生活也是日益提高。我老了，也到了享清福的时候了。

不过，你反而要努力学习，以后为国家发展添砖加瓦。要努力，不要偷懒，不要要小聪明。脚踏实地一步步地进步，这才是真理。

对父亲的访谈

1.经历过的印象深刻的艰难事件

问题1：您还记得自己小时候的生活吗？

答：其实我的童年生活并没有什么不一样的地方。跟你小的时候一样，该上学时上学，该玩时玩。

问题2：看来咱俩的童年时光都差不多嘛。

答：那倒也不是，我是家中的长子，下面还有一个妹妹和一个弟弟需要照顾。你看你小时候多幸福，我和你妈都围着你转，你想要的东西我们都尽量满足你。你爷爷和你奶奶有时不在家的时候，我还要负责做饭，不然都会饿肚子。

2.描述一件印象深刻的因社会大环境改变而发生转折的家庭或个人事件

问题1：您青少年时期大概就是20世纪80年代了，那时的中国可是在发生翻天覆地的变化。在您的印象里有没有几件令你印象深刻的事？

答：那个给我留下的印象真的是太深了。对，几天前中国女排不是夺得冠军了吗，是不是很振奋人心？但对于我和你妈来说，女排对我们的影响可不是现在这么简单。80年代的女排精神依旧是记忆犹新。

女排精神就是80年代中国女排夺得五连冠后的经验总结：不畏强国、顽强拼搏、永不言弃。当时正值改革开放的初期，人们也才逐渐了解到了外面更大更广阔的世界。你要结合当时的历史背景，才能更深刻地理解到女排对中国的意义。美苏对抗时期，资本主义国家对我们社会主义国家是充满敌意的。虽说过去"两弹一星"的成功鼓舞了我们，让我们能在世界上抬起头，但那却离我们的生活太过遥远，女排则是更贴近人民生活，也是在排球场上体现中国人的自尊自强。

1984年，洛杉矶奥运会上，中国队与美国队在决赛相遇，转播时用万人空巷来形容是一点不为过的。记得转播那天，学校早早地给学生们放了学，工厂也是这样，只是为了让大家能够赶上那场大洋彼岸的比赛。大家都早早地守在电视机旁边，收音机旁边。虽然在小组赛

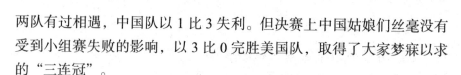

两队有过相遇，中国队以 1 比 3 失利。但决赛上中国姑娘们丝毫没有受到小组赛失败的影响，以 3 比 0 完胜美国队，取得了大家梦寐以求的"三连冠"。

这次对美国队的胜利，早已超越了体育的范畴，更像是一种变相的国家间对抗的胜利，人民的胜利，意识形态的胜利。国内铺天盖地都是关于女排的报道，在学校、在工厂里到处都是向女排学习的大横幅。我们那时写的作文也基本上全是学习女排，发扬女排精神之类的。

问题 2：我记得您是 87 年参军入伍对吗？那让你决定去参军的原因是什么？

答：是的。参军的原因：一是从小对军人、军队有一种向往，这我想你是可以懂我的；二是参军可以减轻家里的负担，吃喝穿全是军队的；三是响应国家的号召，所以我义无反顾地参军了。

问题 3：在您参军的几年里有没有发生过一些令您至今仍印象深刻的事情？或者说参军对你之后的人生有没有影响？

答：当兵的那几年倒也没发生什么，就是普通的军旅生活吧。每天正常训练、学习，有时也会去拉练。但是当兵后，我感觉自己忽然就长大了。可能是有更多的时间独处，就会慢慢回想自己以前的生活。当兵让我明白做人做事要敢于直面挑战，不回避，全力而为。做一个正直、有爱心，对家人负责的人。这些就是我当兵的时候思考到的应该怎么做人，做一个什么样的人，感觉当兵之前从没想过这些事，是在部队的时候慢慢体会出来的。

问题 4：是的，我觉得当兵的经历，尤其对于男生来说，一定是特别的，非常有意义的。其实，我之前也有过服兵役的想法，但最后还是胆怯了。有点怕过于辛苦，自己不能坚持下来，会蛮丢人的，你觉得呢？

答：没有关系，当不当兵对于现在的你们来说并不是很重要，去当兵可能也只是强健你的体魄，丰富你的经历而已。没事的，不要太放在心上。

问题 5：您退伍后工作了几年，然后又去读大学了，这是为什么呢？

答：那时候叫大专，跟正儿八经的大学生还是有区别的。退伍后工作了 3 年，逐渐感到自己的知识很匮乏，很多专业的东西没有办法理解、操作。恰逢单位组织员工去陕西理工大学学习，我就报名参加了，当时学习的是机械制造及自动化。

问题 6：你能讲讲你读专科的生活吗，我想知道跟我现在的大学生活有什么区别？

答：相比现在你们动不动就坐在一起玩手机、游戏机、电脑的景象，我觉得我们的生活反而更有意思。平时，我们很少把衣服拿到洗衣店去洗，一是洗衣店少，二是那样太贵了。我们大家都是自己洗衣服。当然也有不会洗衣服的同学，大家发现后，就一起在水房赤裸裸地当面嘲笑他，开他的玩笑。他当然也会不服，大笑着回骂。那时也没有互联网、智能手机、微信，没法拍下那些窘况。哈哈。

低年级的时候，我们很少在外面吃饭，大部分都是在食堂吃，或者打饭带回宿舍。聚众吃饭也是别有一番滋味，常常是一两个寝室的人聚在两张桌子周围，其间掺杂着玩笑和只有同乡懂的家乡话。

与现今学生最不同的，也是最令我们激动振奋的无疑是书信了。那时科技太落后了，与亲人、好友往来的书信，成了与远方交流的主体。虽然也出现了大哥大，但是学生没有钱买它，顶多后来有个传呼机。此外，还会排很长的队使用公共电话，或是父母在合适的时候打电话到传达室，听听熟悉的声音。所以，更多的还是以书信为主，在书信里，我们可以从容地表达自己的真情实感，既能看到真实的自己，也可以看到真实的对方。剩下的也就是等待和思念了。

问题 7：我感觉你们那个时候非常纯真，不像现在有着太多的干扰，很是羡慕。不过，因为科技进步，我们能够体验到跟您上学时完全不一样的乐趣，也是很有意思的。还有一个问题，就是我之前跟同学交谈的时候，他说在你们那个时候考上大专生就跟现在上 211 大学一样，真的是这样的吗？专科生和现在的本科生有什么区别呢？

答：那倒没有那么夸张。当时的社会正在高速发展的阶段，尤其是基础建设更是突飞猛进。需要大量懂技术的人才，这就促使那个时候很多学生选择了中专或者大专。为什么说读大学的少呢？那个时候人们对大学感觉还是很陌生的，像象牙塔一样，觉得那是搞学术研究的地方，毕业后能干什么也不清楚。反观这些中专生、大专生，去学校读上两三年书，学会一门技术，毕业后就能工作，不用为生活发愁。尤其是一些家境不是很优渥的学生，毕业能马上工作补贴家用，确实是非常吸引他们的点。

但是你看现在是不是都反过来了，能上大学的绝对不会去读专科。对于国家来说，一些非常基础的领域人才已经饱和了，现在更需要的是高精尖的人才，在高端产业上帮助国家进一步发展。这也是为什么国家越来越重视高等教育。你看现在互联网的浪潮多高，这也许就是中国赶上并反超美国的机会。习近平总书记指出过，创新是引领发展的第一动力。全球新一轮科技革命孕育兴起，正在深刻地影响世界发展格局，深刻地改变人类生产生活方式。

问题8：那您南下广东的经历又是怎么样的，是去做什么呢？

答：改革开放政策的实施，最大的受益地区便是沿海一带，尤其以广东为首。广东、深圳的加速发展是从20世纪90年代的下海潮开始的，特别是邓小平92年南巡之后，东方风来满眼春。可以说那里遍地都是机会，只要你用心肯吃苦便一定能在那里扎根，甚至过得很优渥。

我当时便和几个同学一起去了一家跟我们所学专业相关度很高的外企公司，在那里做起销售的工作。改革开放政策对外企的吸引是很强的，非常多的企业进入中国。但是国内大部分人对这些企业是没有了解的，所以我们便看准了这块蛋糕，结合自己的专业知识，去各个地方介绍公司，拓展市场。当时像我这样的人很多很多，他们中还有很大一部分是公务员，放弃了稳定的工作和保障，坚持南下，只为寻求到那足以改变人生的机会。后来有些人在尝到甜头后便留下来了，而我则又回到了家乡。

3.个人成长过程中最值得骄傲或者自豪的一件事

问题：谢谢爸爸为我放弃了那边的工作，那您最骄傲的事情是什么呢？

答：在外闯荡的那几年，虽然生活得到了很大改善，但是始终还是少了家人的陪伴。尤其是你还那么小，你妈既要照顾你又要工作很不容易。你渐渐长大，到了要上学的年龄，我便觉得你的教育问题是绝对不能轻视的。加上你爷爷是老教师，他也劝我回来，我便回到了汉中。所以我最骄傲的啊，就是把你培养出来了。

访谈六

受访者简介

外祖父，祖籍河北，出生于黑龙江哈尔滨市，高中毕业后被西安空军工程大学录取，成为雷达专业的一名军校学员。转业后到地方研究所工作，直到退休，一直从事无线电相关工作。

外祖母，祖籍山东，出生于黑龙江哈尔滨市。14岁开始在哈药工作，1975年转干，任会计。50岁退休。

母亲，近50岁，一直居住于哈尔滨市区。最初在省内第一家国企改股份制上市公司工作，现任职于国家重点发展行业公司中层职员。

对外祖父的访谈

1.在过去的年代里印象最深刻的艰难事件

问题：在过去的年代里，您印象中最深刻的艰难的事情是什么？

答：最艰难的应该就是三年自然灾害。那个时候家家户户基本上都吃不饱，国家面临自然灾害，外部也受到制裁，内忧外患，生活艰难。那个时候我上中学，每天从家里带中午饭，只有玉米面大饼子。青年学生嘛，基本上到上午上课间操时饼子就吃没了，中午就只能饿肚子了。不过国家都困难，不止我一个人这样。当时大家生活都非常困难。

2.印象深刻的因社会大环境改变而发生转折的家庭或个人事件

问题1：描述印象深刻的因社会大环境改变而发生转折的家庭或个人事件？

答：那应该是改革开放吧。改革开放之后，靠着邓小平同志制定的政策，生活发生了一些变化。最明显的是身边所有人的工资收入逐年提高。尤其是刚开始几年，对知识分子政策的落实，我个人的工资相较普通工人增长明显。如果画一个曲线图的话，1978年后出现了一个很明显拐点。1978年，我的工资是每月56元，当时普通工人只有

30多元。现在退休了还有6000元，工资涨了100倍。我国这么多人，共产党领导这么多老百姓，还能带领人民提升生活水平这么快，还是很伟大的。

还有20世纪80年代初，我们一家4口人，住在单位福利性质分的房子里，只有10.8平方米，再后来自己买了房子，现在人均30平方米。我们幸福感满满呀。

问题2：我妈不爱吃肥肉，那当年每家每户分的肉都是怎么办的呢？据我所知，当时没有自己挑选的余地吧。

答：当时肉都是商场限量供应，听说有卖肉的了，大家都去排队买，能买到就挺开心的了。也顾不得挑肥拣瘦了。当时你妈没有现在这么挑食，也算生活变好的见证吧。当时正常一人一个月半斤肉，逢年过节大概会额外给一家1斤肉，最多能给2斤吧。不过咱家人都不怎么爱吃肉，所以一般吃得少，也没觉得日子太苦。

3.人生最值得骄傲或自豪的一件事情

问题1：您这一辈子有没有做过什么自豪或者值得别人尊敬的事情呢？

答：我这一辈子没有什么轰轰烈烈的成就，但也有让自己自豪的事情。高中毕业后，我选择报考军事院校。军事院校对报名的学生要进行筛选，包括政治选拔，家庭成分，也就是说根正苗红的。学生本人表现要优秀，成绩也要比较优秀。最终选拔就选中了我。当时全校只选中了两个，另一位同学去了第四军医大。最初其实我比较想去学医，也就是去第四军医大。不过最后去了西安空军工程大学，成了一名军校学员。

问题2：空军工程大学最近负责承接我们学校的军训工作，这也算是一种奇妙的缘分吧，您说呢？

答：是啊。那个学校最初是苏联帮助组建的，可当时我国和苏联关系有些紧张，苏联撤回了很多援助。因此我那时候虽然入学，但学校相关设施和教师很不完善，所以学校就将我们派去了河南信阳空军工程学院代为培养。我在航空专业学的是当时属于比较先进的研究行业——雷达专业，也是比较高精尖的专业。军校的培养，把我从一个单纯的青年学生，转变成了一名合格的军事科学人员。

后来我负责飞机维修，保证飞机能以良好状态投入训练和战斗，工作机会很宝贵，也有一点儿自豪感。军队的经历也为我后来转业到地方工作打下了坚实的基础，储备了足够多的知识。转业后一直从事无线电相关的工作直到退休。

问题3：那姥爷您认为在军队的经历，对您的生活有什么影响呢？

答：军校管理很严格，你们的军训和我们的相比，强度差远了。你们军训无非就走走正步，站站军姿，其他的训练也不可能有了。我们的训练强度要大得多。当时我们踢正步虽然比不上阅兵中的受阅部队，但也差不多。别看我现在岁数大了，不过走两步正步还是没问题的。部队的学习，让我养成了严谨认真的工作态度。举个例子，上飞机和下飞机后一定要清点自己的钳子、扳手、镊子，如果因为自己粗心大意落在飞机上而卡住驾驶杆，那就非常危险了。多亏了那时部队对我的培养，这个习惯让我受益终身。虽然我只是一个普通人，但平凡的人也能够做出不平凡的贡献。有些事情可能我自己看起来很平凡，但别人看起来可能也不太平凡。为祖国奉献了我的精力，做出了我的贡献，这件事值得我骄傲。

对外祖母的访谈

1.在过去的年代里印象最深刻的艰难事件

问题1：姥姥，你一直听姥爷讲故事，想必也有很多想说的，我也想问您几个问题。您小时候有什么记忆深刻比较困难的事情吗？

答：最开始家里条件比较困难，当时一家九口人，就指着你太姥爷一个人上班养活。我是家里的老大。那时候生活非常困难，比现在差远了。

问题2：生活普遍比较困难吗？还是说像您这样的家庭属于少数呢？

答：那时候大家都这样。一家九口人，我14岁就去工厂工作了，其他孩子那时候都小，要靠我和你太姥爷养活，工厂下班回家还要继续帮忙带孩子，生活肯定困难，不过也都熬过来了。

问题3：太姥爷是从事什么工作的呢？我好像一直都不清楚。

答：你太姥爷是手艺人，是秋林的高级裁剪师。负责给别人做衣服，我一般晚上帮你太姥爷工作。就打打下手，也和他做个伴。

问题4：当时的居住条件如何呢？

答：当时一家九口人住在20平方米的小屋子里，一室半，中间是厨房。房子在北安街（哈尔滨市老城区，如今早已拆迁）的小平房。那时候这种房子叫毛子房，因为是老毛子帮我们盖的。基本就吃窝窝头、大饼子、苞米面粥、咸菜。不吃肉，也不是说根本就吃不上，主要是我和你太姥爷都不吃肉。我俩过年总是抢素饺子吃。当时饭店也都少，老百姓吃不起饭店，偶尔能大饼子抹点虾酱，就挺好的了。总的来说，那时候生活都很贫困，大家生活条件差不了多少。

问题5：那您刚工作的时候是什么情况呢？14岁就上班，还是进入重体力劳动的工厂做小工，一定非常艰苦吧？

答：我14岁，才80斤重，就要抬着86斤的盐酸罐子，每天累死累活地一直工作。不过我有梦想，不甘于一辈子就当一个小工，后来自己努力学习，转干当了会计。当时的哈药工厂连师傅徒弟一起算上，最多也就500人，只有5个车间。现在总共好像有18个车间了，总共有20000多人，光退休职工都有4000人，上缴税款都2000万元，为国家创造了不少财富。我现在印象最深的负责过的产品是青霉素，获得了国家银质奖，质量很好。

2.人生最值得骄傲或者自豪的一件事

问题1：那您这辈子有什么事情最值得骄傲或者自豪的吗？

答：（此处回答来自姥爷）你姥姥最擅长的应该是红娘。促成了好几对了。

答：（姥姥）对对对，比如说×××，哈工大那个，原来是药厂干×××的……（以下省略，开始了漫长的八卦时间）

问题2：除了红娘还有什么比较正经的回答吗？

答：（认真思考后）我从最开始小工做起，学历只有小学毕业，后来在工作的同时从夜大、中专相继毕业，通过自己的努力接二连三获得了会计师、统计师和中级职称，退休后享受的待遇也是完全依靠自己努力获得的。我的同事里，有人认可我的付出，也有人嫉妒我的收入，但我并不在意他们的看法。我这一辈子已经有所收获，为工厂创造了价值，为国家创造了收入。今年也是新中国成立 70 周年，我也为祖国的建设做过一些工作，也得到了相应的待遇，希望你作为家中的新一代也能学习我们，奉献自己，努力学习，建设社会和祖国！

对母亲的访谈

1.经历过的印象深刻的艰难事件

问题 1：妈妈，今天这个访谈比较特殊。其实平时聊天很少提到关于社会变革之类的事情，也很少有关于过去的讨论。

答：是啊，第一次被自己儿子采访，感觉还蛮新鲜的。

问题 2：那我们就开始今天的访谈吧。记忆中有没有印象深刻的艰难的时候？

答：（沉思良久）其实基本没有，稀里糊涂地就活了快 50 年。要说算是深刻的事，从我出生开始，一直到初中，那个时候物资相对匮乏，买什么东西都要限制供应，要用供应本之类的。忘了，没什么印象了，好像是上面写了每家几口人，隔多长时间去领粮票、煤票、柴票、布票、副食品票。过年过节供应香油、鸡、鸡蛋、鱼、粉条都要票。

印象最深刻的是有一次去买豆腐。当时上小学，爸爸不在家，妈妈要我去买豆腐，小孩子嘛，也不懂，就拿着家里装所有供应票的盒子，到菜市场让人家自己拿。此外，因为北方冬季太冷了，冬季少有新鲜蔬菜，冬天的菜基本都要靠秋天提前储备大量的白菜、土豆。腌咸菜也很常见的，虽然我们家不吃，但有非常多的人家腌咸菜。不巧的是我还最不爱吃土豆，还不爱吃肉，尤其那个时候的肉还都是肥肉居多。所以每次一到冬天，我整个人就要瘦一圈儿。

2.印象深刻的因社会大环境改变而发生转折的家庭或个人事件

问题 1：那有什么印象深刻的，因社会大环境改变而发生转折的家庭或个人事件吗？

答：一直在这个城市里平静地生活，毕业后被分配到一家正在进行轰轰烈烈国企股份制改造的公司，集团公司要求全员持股，员工按级别持有内部职工股。那时没有互联网，信息相对闭塞的北方城市里没几个了解股票的，更没想到它会在不久的将来登陆上海证券交易所。

当时私企更是非常少，基本都是国企。我记得特别清楚，当时哈尔滨第一张个体户执照颁给了道里菜市场的焦裕昌烧鸡。

随着公司股票上市进程的推进，开始感受到这种热度在不断上升——单位门口不断地有拿着大把现金来收购股票的人，在我们半信半疑中，价格也在水涨船高。那时候刚上班，一个月的工资还不到200元，年底每人发500元奖金，但不是以现金的形式，而是以股权证的形式发放。还有点小失望，因为当时大家对股票都没有明确的概念。还有一位同事提出，如果你们不想要股份的话，他愿意用现金等额交换我们的股份，包括我在内的很多同事都和他换了。

但后来，我家里一位亲属因为持有沈阳金杯股票，在上市后赚得第一桶金，让我坚信我们公司的股票如果能上市也会有不错的表现。恰好此时，一个同事结婚着急用钱要转让他的股票，我立刻对他说转给我吧，说好的价格是1:8，他的500股就是4000元。其他同事听说我要收购他的股份，都投给我一个意味深长的眼神，他们觉得我肯定是昏了头！当时拿出存折我看了一下上面的数字，作为一个刚工作不久的年轻人，还有差距，下班火速回家我召开了第一次家庭会议，主题只有一个：筹资！父母也觉得我太冒险了，不同意我这么做，经过一番辩论，最后说好就是借款，以后可以用我的工资偿还。第二天一早我把钱交给同事，从他手里接过那张股权证时，心里踏实多了。

问题2：股权证？现在好像都没有了吧。我好像都没听说过这个……

答：是啊，当年开户什么的都要去证券登记公司开户，而不是像现在直接去证券公司开户。终于在1993年6月29日，迎来了股票上市的时刻，开盘价20元，让我大大的吐了一口气，观望三天后，以16元价格卖出，获利100%，这是我作为本省第一代股民的第一单，从此开始了股海弄潮的日子。一下赚了相当于两年的工资。用这笔钱，我买了家里第一台电冰箱，当时大概1000块钱，新飞冰箱，现在都很少听说过这个牌子了。

因为我们公司股票成功上市，引发了省内优质企业上市潮，我拿着自己赚来的钱又介入了北亚股份、阿城涤纶、伊春光明的内部职工股，有了前车之鉴，一般我都会在开盘第一天抛出手中的股票。现在我手里还留有一张北亚股份的股权证，这是历史的见证！也是我当年在改革大潮里勇于搏击拥抱新事物的见证！现在的新股发行都是网上交易，已经没有这个了（图2-1、图2-2）。

股海沉浮20多年，我的心态由最初的急躁，逐渐转为现在的平和。都说股市是经济的晴雨表，的确如此：页岩气、农村电商、自贸区……在不停转换的热点板块之间，我感受着时代的脉搏，社会的变迁。每个人的成长进步都离不开社会大环境的改变，抓住机遇拥抱挑战，迎接未来更猛烈的头脑风暴吧！

图2-1　证券账户卡

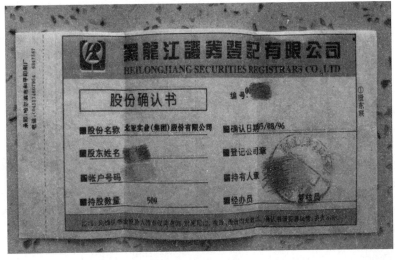

图2-2　股份确认书

3.个人成长过程中最值得骄傲或者自豪的一件事

问题：从这些老古董里，我感受到了那个时代的变迁和给予。那您个人成长过程中，什么事情是最值得骄傲或自豪的呢？

答：2018 年，你进入大学后，我的空闲时间多了起来，做点什么好呢？正在这时，闲聊中发现一位年轻的同事正在准备一项执业资格考试。之前要求必须具有相关专业学历的才能报考，但是从 2018 年开始，放宽了报考条件，不分专业都可以报名。虽然我不是学这个专业的，简单翻看一下教材，感觉还可以，遂动了念头，考一下试试！

心动就要行动，马上购买了教材和课件开始学习。时间短任务重，业余时间又被紧张而有序地排满了。看着不难，学起来就不容易了，尤其是随着年龄增长，记忆力远不如从前，往往是看完后面的忘了前面的，只能从头再来。有时候自嘲这不是自讨苦吃么，可是想想儿子此时也正在教室里、图书馆里专注学习，那么我就给他最长情的遥远陪伴吧。这样一想动力就来了。

转眼就到考试时间，等待进入考场的时候，我环顾周围，绝大多数都是比我年轻得多的鲜活面孔，感慨之后，我拉了拉衣领，试图遮住明显有别于他们的模样。拿到试卷，因为多年未曾参加考试紧张得字都写不稳了，我定了定神，深深地呼吸，心情逐渐稳定了下来，平时模糊的记忆瞬间清晰起来，笔走龙蛇，顺利结束考试。经过一段时间的等待，考试结果公布了：报考的两科均超过合格线，也就是说首战告捷！今年迎战剩下的两科。作为一个奔五的"高龄"考生，而且是跨专业的，能够取得这样的成绩我还是很满意和自豪的！

访谈七

受访者简介

外公，生于 1949 年 1 月，中学毕业后，因接受贫下中农再教育而与大学无缘，之后凭借自己的努力与真学实才被赏识，任职民办教师，开始了一生的教学生涯；随后进入一所师范学校读书，毕业后继续任教，现已退休。

母亲，农村妇女，初中毕业后，几经周折，成为家乡某工厂的一名优秀员工，自入职后工作至今。

对外祖父的访谈

1.在过去的年代里印象最深刻的艰难事件

问题1：外公您好，您还记得在您的家庭中出现的一件令您印象深刻的艰难事件吗？

答：我还记得，在我很小的时候，我的父亲说过这样一句话，"不惜一切代价，让孩子们好好读书"。可能是因为父亲是从未进过学堂的农民，我们当时又正赶上新中国成立的时期，父亲意识到了读书对于我们来说有很重要的意义。所以我也没有辜负父亲的期望，在学校一直都是品学兼优的学生，虽然在小升初时有过波折，但仍旧以最好的成绩进入了我们县城唯一的一所中学就读。不过因为我的父亲曾被评为"富农"，上大学就只能成为我一生的梦想。

问题2：您刚说到的小升初的插曲是指什么？为什么您不能上大学？

答：我刚刚提到，我的父亲曾被批判为富农，在1960年的时候，我正准备升初中，但是却被"富农"这顶帽子给活活地压下来了，经乡政府一再审核，最终还是以"不准参加考试"的批示结束了。

我也只好离校回家务农，虽然很难过，但是每天看到父亲红红的眼睛，我便努力装作不在意地安慰父亲，不想让他因为觉着是自己的原因导致孩子不能上学而自责。当时我深感自己太渺小了，虽然有着强烈的读书学习的渴望，但却因为国家的政策与读书失之交臂，父母和自己都无能为力。

突然有一天，父亲一天都没有回家吃饭，晚上我和母亲十分着急，就叫了邻居去四处找寻父亲。伸手不见五指的夜晚伴着各种动物的叫声，那时候在晚上，村子附近常有狼出没。我和母亲紧紧相随，找遍了每个山头、每条山洼，"祸不单行"这个词我当时真知其意了，害怕、愤怒、无奈、痛苦的情绪统统涌上心来。已经快到凌晨了，邻居们都纷纷摇着头回去了，只剩下我和绝望的母亲还在等待，期盼着父亲能在某处出现。就那样过去了整整一晚，当天边出现一缕鱼肚白时，一个黑色的、疲惫的、无力的影子慢慢向我们靠近。看到父亲的那一刻，我哭了，那是我哭得最伤心、最悲痛的一次。我也茫然了。原来，父亲走了来回一百多公里的路，到县教育局找领导说明来意，希望不要因为自己的原因让孩子不能继续接受知识教育。也许是父亲的行为感化了教育局的领导，也可能是当时正值教育的非常时期，最后的结果是，误了考试的我被批准可以补学一年后再参加升学考试。

参加考试那年，我以那一届考生中的最好的成绩考入了县城的中学。失而复得的机会让我更加发奋学习，每天晚自习熄了灯，回到宿舍仍然点着煤油灯继续看书，温习功课。三年来，我一点都不敢松懈，学习成绩一直是优，文书、绘画、体育，也样样被学校的老师喜欢。

但好景不长，1966年的时候，"文化大革命"开始了，受当时极左思想的影响，因为我的父亲是"富农"，我被要求回家务农，回到农村接受贫下中农再教育。

2.印象深刻的因社会大环境改变而发生转折的家庭或个人事件

问题：这真是一段坎坷的经历啊！那您记得您的家庭或您个人因为社会大环境改变而发生转折的事情吗？

答：那就是我入职。1972年，因接受贫下中农再教育，我参与修筑了一条公路。在这期间，我常用休息的时间参与活动，给连队办黑板报，写标语大字以及写宣传稿。记得有一次，上面领导要来工地检查工作，我们连队要在公路墙上写标语做宣传，就雇了一名油匠。大半天过去了，他还没有写出一个字来。连长发现我平时写字写得好，就让我暂时先不去工地干活，去宣传栏写标语。我一点儿都不敢偷懒，到下午吃饭的时候，我都一一写完了，受到了连长的称赞。

还有一次，工地的会计因家中有事不能继续工作了，连长又一次想到了我，让我接任了会计这份工作，我便一边做会计的事，一边到工地上同大伙儿一起干活修路。几个月后，在连长的带领下，在十几个连队中，我们连队因政治表现良好和公路修筑进度领先，被评为了"模范连队"，需要连长发表讲话，这可急坏了我们识字不多的连长。因为我当时参与了各种宣传活动，文学功底被很多人称赞，便有人向他推荐了我，让我给连长写讲话的演讲稿，连长就"重用"了我，直接让我代表他上台讲话，毕竟写下的稿子他也不认识字。记得那天正逢古庙会有戏曲表演，到场的人非常多，我的讲话也迎来了人们热烈的掌声。这次的演讲让我变得小有名气，我也因此得到了之后入职的机会。

在我参与修筑的公路竣工通车后，我接到了镇里给我的任民办教师的通知。1973年春，我到了一所中学任初中语文班主任老师，于是便开始了我一生的教学生涯。任教后，我终于可以拾起久违的书本，一边教书一边继续读书学习来充实自己。

此外，我还是体育课的老师，曾经带着由我负责训练的女篮球队参加县级大赛，并获了奖项。就这样年复一年，优秀的人才层出不穷，我看着一届届学生以优异的成绩走向他们理想的目的地，才真正感受到知识改变命运。我为他们高兴和骄傲，也为自己作为一名人民教师而自豪与喜悦。

1982年，正逢改革开放，好事开始接连不断。农村施行了土地承包责任制，一直压在我头上的这顶"富农儿子"的帽子也被摘掉了，又正好赶上了教师的民转公的政策，真是人逢喜事精神爽！之后我以优异的成绩被市里的一所师范学校录取，我时隔多年的读书梦终于实现了。

1984年，我从师范学校毕业后，镇里的群众希望教育局可以直接把我分配到之前我任教的中学。这在教育局分配方案中也是破天荒的一件事。同时，家里的经济情况也开始好转，家里通过承包土地，经过两年左右，由年年拿口粮钱的累赘户成为了人们所说的"爆富户"，为了存放粮食，还建了一个大粮仓。社会大环境的变化，让我的人生发生了翻天覆地的变化，改革开放的春风，不仅吹响了祖国繁荣富强的进军号，同时也搭起了我们家从艰难到富裕的桥梁。

3.人生最值得骄傲或者自豪的一件事

问题：看来我们每个人的经历都与社会的变化息息相关啊！最后，您可以谈一下在您的个人成长过程中最让您感到自豪或骄傲的事情吗？

答：那年，我从师范院校毕业后，紧接着，当时的教育理念也出现了更快、更新的发展，这对我从教也是受益匪浅。我来到中学继续任职初中语文班主任，虽然已经年近中年，但我没有一丝的疲惫，在任教的同时继续学习了解更多方面的知识，从文学到艺术，样样精通。

在 2000 年的时候，我曾荣获市级书法二等奖，之后陆续获得县级、市级和国家级的摄影、绘画、书法以及剪纸等方面的奖项。此外，我还在 2007 年的时候被授予了中学高级教师的称号，载入了县里的杂志。

2017 年，我荣获了从教三十年的荣誉证书。现在我虽然退休了，但是仍旧没有放弃学习和这些爱好，在县里庆祝改革开放 40 周年的节日里，我参与了老干部的书法比赛，获得了优秀奖。

我想，最让我自豪或骄傲的事情，就是我这一生所坚持的生命不息，学习不停，奋斗不止的人生理念吧。老骥伏枥，志在千里啊！与新中国同龄，更让我感到自豪。

对母亲的访谈

1.经历过的印象深刻的艰难事件

问题：妈妈，您能讲述一下在家庭中出现过的一件最令您印象深刻的艰难事情吗？

答：我印象深刻的一件艰难事件啊，大概是在 1982 年至 1984 年，那是最使我难忘的一段艰难的时期。当时，国家颁布了民转公的政策，父亲被市里的一所师范学校录取，去离家很远的地方学习，很长一段时间不能回家。当时家里有 70 多岁的爷爷和奶奶需要照顾，我们兄妹三人还正在学校上学，家里的农活儿就全部压在了我母亲身上。那时我们帮母亲干农活的时间远远大于在学校上学的时间，在农田里锄地、挑水、掰玉米。

我母亲手很巧，早早就让我学会了缝纫的技巧，每次家里人的衣服破了，我就用碎布缝补，每个人的衣服都有大大小小的补丁，过年时家里的衣服也都是我和你姥姥一针一线亲手缝制的。

当时家里的粮食不够一家人吃饱，每次吃饭时，母亲总是吃得最慢，后来我才知道，那是她担心做的饭不够吃，先让爷爷奶奶和我们几个孩子吃饱。而且那时为了睡觉不饿肚子，母亲让我们吃完晚饭后就睡觉，不许再乱跑。

有一件事我印象深刻。记得是过年的时候，那天家里炖了一锅肉，要等父亲从学校赶回来后一起享用。弥漫在空气中的肉香使我们兄妹三人垂涎欲滴，不时地跑到锅边闻一闻。父亲刚一到家，我们就迫不及待要求开饭。母亲从灶上端来炖肉的锅后，突然锅底掉了，一锅白花花的肥肉全部掉在了地上，我们几个孩子哇的一声就哭出来了。

之后，家里还发生了几次突发事件，我和弟弟几次放弃学业，陪着母亲和爷爷奶奶共渡难关。在家里的事件解决后，我们家的经济情况也逐渐好转，我和弟弟才开始继续上学。好在爷爷奶奶那时的身体还算硬朗，父亲在外学习的时间也不是太长。最终在父亲完成学业归来后，我和弟弟正式入学，上了初中，度过了那段艰难的时期。

2.印象深刻的因社会大环境改变而发生转折的家庭或个人事件

问题：全家人同心协力共渡难关啊！接下来是第二个问题，您还记得您个人或您的家庭因为社会大环境改变而发生转变的事情吗？

答：在我的记忆中，那是 1999 年，我刚结婚生子。当时我和你父亲都没有固定的收入，你刚出生，需要跟上营养，是一笔比较大的开销。为了生计，我们俩在两年多里没有为自己买过一件新衣服，却仍旧天天绞尽脑汁，考虑着家里的柴米油盐等问题，日子过得很是艰难。我还记得有一次延迟了发工资的日期，眼看着月底的日子一天天逼近，你的奶粉罐和厨房的米缸面缸都要见底了，我和你父亲想着无论怎样都不能让孩子饿着，便用少得可怜的所有储蓄先给你买了奶粉，我们俩就吃了将近一周的馒头。

一跨入 2000 年后，县里和我们家的生活就大变样了。随着咱们国家经济的迅猛发展，当时重工业发展非常快，县城里接二连三地出现了各种厂房：铁厂、高岭土厂、热电公司、机械厂、造船厂、水泥厂、电石厂、金属镁厂……真的是"忽如一夜春风来"啊！从城里一下子涌入了大批的技术人才，引进了各种各样的高科技，人们个个都精神抖擞，准备着加入其中大干一场。

在这样迅速发展的蒸蒸日上的社会大背景下，咱们家的日子也开始好转。我们买了自己的新房子，添置了一辆小轿车，同时我和你父亲也希望为自己孩子的成长提供我们所能提供的最好的平台，让你去

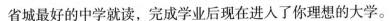
省城最好的中学就读，完成学业后现在进入了你理想的大学。

过去由于各种原因，我初中毕业就进入社会参加了工作，常常会因为没有机会继续读书而感到自身知识储备的匮乏。所以我现在常常去图书馆"充饥"，感觉这样才不会在这个飞速发展的时代里跟不上社会发展的脚步。

3.个人成长过程中最值得骄傲或者自豪的一件事

问题：您这样一说，我的确想起来小时候那段时期十分艰难，社会快速发展，我们家才过上了好日子啊！现在是最后一个问题，您谈谈在您的个人成长过程中最让您感到自豪或骄傲的一件事情吧。

答：最让我感到自豪的事情，就是我从一个失业青年成为一名在厂的优秀员工，我为之而自豪。我初中毕业后，因为当时国家虽然已经经历了多次思想解放运动，但是在我生活的农村，重男轻女的思想依旧很严重，我们家里的上学名额只有两个，虽然我的成绩在镇里是前几名，但是我的父母还是决定将这两个名额给我的哥哥和弟弟，我便无法参加升学考试，从而失去了学习的机会。之后我在镇子里游荡了几年，无所事事，辗转于各个工厂或单位，但都是临时工。没有吃上"铁饭碗"的我，只能是无聊度日，人也提不起干劲。

后来随着社会的发展，我们县城的煤炭能源和企业"节节高升"，各种厂房、商铺和源源不断的外来人才，把这个小县城给挤得"满满的"，我也顺利入职了县里的一个工厂，并且通过自己的认真实干的工作态度晋升为一名正式员工。入职后，为了适应时代和工厂的快速发展，我一边工作，一边努力了解学习工厂里的生产流程、设备的运行和维修等，尽我最大的能力，在自己的工作岗位上努力付出，并且严格要求自己，做好自己的工作。之后我因工作认真负责，给工厂带来了荣耀，最终成了一名光荣的优秀员工。

我为时代的进步而高兴，因为我从社会的进步中收获了自己的成长，从时代的变迁中受益了，我更为成为现在的自己而感到骄傲和自豪。

访谈八

受访者简介

姥爷，81岁，祖籍山东，现居于吉林省长春市。性格开朗乐观，好学能干。1958年时从山东逃难闯关东来到吉林，当时年仅二十岁，一路上目睹了饥荒的惨烈。来到吉林省后先是下井采煤，改革开放后做起了个体商业，好学的个性让他经营过各种各样的营生，生活也慢慢好了起来，现定居于吉林省长春市，开心快乐地过着自己的退休生活。

母亲，48岁，家乡吉林省长春市。性格坚强果敢，从不放弃。高考落榜后，在吉林省长春市纺织厂工作，期间自学考上大学并且考取高级会计资格证。经历国企裁员后创立了自己的会计公司，目前公司发展良好。

父亲，49岁，家乡吉林省长春市农村，高中毕业十八岁当兵，开始作为一名空军地勤人员，后来转入汽车连，曾荣立二等功一次，退役后在长春热力集团公司，从一名技术工人成长为一名管理人员。性格刚强又细腻，愿意学习和接受新生事物。

对外祖父的访谈

问题：姥爷您好，您可以给我简单介绍一下您的人生经历吗？

答：我的一生说起来也平凡，小时候生活在山东，那时候的经历都记不太清楚了。比较清楚的是在我二十岁那年我和兄弟姐妹们一起逃荒来到了吉林。那时候山东土地少，土地也干旱，我们特别穷。只好跟随着一群人闯关东来到耕地多的吉林省，一路上也是非常艰辛。来到这边后，我开始下井采煤来养活一家人，那时候采煤还全都靠人工挖煤，煤尘对身体也特别不好，也是那时候落下了病根。后来国家改革开放，我辞去了在煤矿的工作，自己做一些小的营生。我也去学习一些手艺，后来杀猪宰羊，慢慢也做大了起来。现在呢，我还喜欢在闲暇时间做一些木匠活儿，平时下下棋安安静静地享受自己的退休生活。

1.在过去的年代里印象最深刻的艰难事件

问题：您真是我敬佩的人啊，从山东到吉林那么远的距离您也坚持下来了。您还凭借一己之力养活了一大家子人啊，那您有什么印象深刻的家庭出现的艰难事件吗？

答：我的前半辈子经历了很多艰难，那时候家里兄弟姐妹很多，吃不饱饭。要说最艰苦的就是从山东到吉林这一段闯关东的经历了。那时候在山东地少，生活不下去了，就举家迁到东北来。从山东到吉林两千多公里，我们当时是一步步走下来的，因为一路上也只有一点点的干粮。身边也都是同样的穷苦人家，走到后面只能去挖野菜，吃草根，有什么吃什么，只要饿不死就行了，就算是这样我记得家里的兄弟姐妹还是有饿死的。

现在在地图上看到山东到吉林这一段横跨了半个中国的路程，想起路上那一幕幕难以忘记的景象，我真的是感叹那时候的艰难呀。虽然那时候我才二十岁，但是那段时间的经历我一直都牢牢记在心里。在以后的人生里，再经受什么苦难的时候，我只要再去想想那时候的艰苦路程，就可以义无反顾地坚持下去了。在我的人生中真的没有什么比这一段经历更加艰苦的了。

2.描述一件印象深刻的因社会大环境改变而发生转折的家庭或个人事件

问题：您的这一段经历也真的是让我肃然起敬，是真的很艰苦。那您有什么印象深刻的因社会大环境改变而发生转折的家庭或者个人事件吗？

答：要说起社会环境的改变，还是要说1978年的改革开放了。在那之前我下井挖煤，很辛苦，赚的钱不多，仅仅够养活一家人而已，再加上这也是体力活，我也不知道年纪大了以后该怎么办。

后来改革开放了，改革开放对我当时最大的好处就是可以去经营一些小生意，可以自由地干一些小事情了。我那时候离开了矿场，曾经干过很多事情，卖过早点，做过木匠活儿，后来发现了杀猪宰羊这一条赚钱的路子。那时候生活也挺艰苦的，我半夜从二十多公里外赶羊回家，那时候天黑都看不清路。天刚刚蒙蒙亮的时候就到家了，接着就要宰羊，有时候忙活一天都没有休息的时间。要是半夜天黑走丢了一只羊，我又要骑着自行车回去找，那时候每一只羊都是我的宝贵财产，都是我养家的钱啊。

好在有改革开放的政策在，我自己也够努力，慢慢攒下来了一些钱，日子也过得好了起来。虽然改革开放到达内地的时间比较晚，但是对我来说已经够早了，这个大环境的改变也给我带来了发家致富的一条道路，也正是这样，我们才有钱给孩子们读书上学，改善我们自己的生活。

3.人生最值得骄傲或自豪的一件事情

问题：看来改革开放对您的改变真的很大啊，您也靠自己的努力让家里人过得更好了。我相信在您的人生中肯定有很多值得您骄傲的事情，可以给我说说吗？

答：我最骄傲的事情就是在那个艰难的时代里，我靠着自己的一双手养活了一家人，不仅仅是自己学习技术学习各种经验，我干过各种各样的工作，目的只有一个，就是让我这一家人生活得更好，生活得富足，让家里的孩子可以没有担忧地去上学去学习，去寻求自己的发展。我做到了养活一家人，并且我觉得我做得还不错，对此我也是很满意，这也是我最骄傲的事情。虽然过往的苦和累都很多很多，但是我觉得这些都是值得的，作为当时家里唯一的男人，我养活了一大家子五口人。我觉得再苦再累都是值得的，而且我现在也是退休了，有一群儿女来孝敬我，让我觉得当年那一切更加值得了。没错，我最骄傲的事情就是养活了这样的一家人。

（访问者：谢谢您，我没有经历过这些艰苦的生活，您的经历真的是让我感到敬佩和震惊，您的精神和毅力也真的是我所应该学习的。希望您可以好好享受您的退休生活，好好得到晚辈们的回报。）

对母亲的访谈

问题：母亲，您可以先给我简单介绍一下经历吗？

答：我的经历很平凡，我当时在长春市不远的县城里上高中，本来是想上大学进一步学习的，但是当时高考失误了，和录取分数只差了三分。之后我来到长春纺织厂工作，一开始就是一个非常普通的纺织工人，那时候还是在夜班工作，一天工作很久也很辛苦。但是我没有忘记自己的愿望，还是挤出的一点点时间学习，在两年后考上了大学，并且再后来又考取了会计资格证。那时候我的梦想就是当一名会计，我也如愿从一名普通的纺织工人成功进入公司的财务系统工作，这可是当时很少有的事情。再后来国企裁员，我也离开了纺织厂，和同事一起创办了自己的会计公司，为一些中小型企业报税算账，生活也慢慢地好了起来。

1.经历过的印象深刻的艰难事件

问题：您的经历其实很不平凡的啊，有没有什么艰难事件让您最为印象深刻呢？

答：我印象最深刻的就是我在长春纺织厂——一个国企工作，那时候在国企工作都被称为铁饭碗，每个月都领着固定的工资，公司给保险和各种福利。

但是就在2000年的时候国企改制，公司的很多员工都被裁员了，也包括我。当时和你父亲结婚没多久，你也刚出生，下岗后家庭的收入就少了很多，而且当时在长春有大批的员工下岗，被裁。想要找到新的工作也非常困难。这件事是我印象中最为深刻的了。

2.描述一件印象深刻的因社会大环境改变而发生转折的家庭或个人事件

问题1：这应该也是一件因社会大环境改变而使家庭和个人发生转折的事件了吧？

答：是的，就是因为当时的国企大裁员，我很多小时候的同学都丢了工作。这件事情确实也给家庭和自己造成了很大的影响和转折。

问题2：那您是怎样应对的呢？

答：在没有工作的那一段时间确实有点心灰意冷，因为我也是从一毕业就进入到这家公司工作的，工作也有几年了，一方面和同事都很熟悉，一下子全都离开真是很舍不得的。另一方面，当时找工作也很困难，而且刚刚成家，肩上还有家庭的重担，一定是要再去找到工作来赚钱养家的。在那个时代，自己去徒手创办一家会计事务所是很少见的，也不像现在有国家的扶持和政策的帮助。所以我一开始是没有这个想法的，只想着和以前一样找个工作。后来直到遇到我以前的同事，我们一拍即合，开始了创业。一开始的难度也是可以想象的，没有资源没有客户，当时网络也不发达，只能自己跑去找公司签合同。又过了几年，事务所才慢慢做大了，客户也开始多了起来，生活也好起来了。

这件事给我的启示是要有自主奋斗的精神，要相信自己，只要有恒心就可以成功的。公司裁员这件事算是塞翁失马吧，也是我人生中最大的一个转折。

3.个人成长过程中最值得骄傲或者自豪的一件事

问题：您的经历也是非常丰富多彩的呀，那在这些年中有什么事情是您成长中最值得骄傲的事件呢？

答：要说起最骄傲的事情还是要说我刚刚进入长春纺织厂那段时间。那时候是夜班，每天晚上都要熬上一整夜地工作，刚刚工作时感觉特别的累，白天没有精力去干别的事情。

但是高考落榜的事一直在我的心里环绕着，我不甘心于学习了这么多年到最后还是做一个不用什么专业知识的纺织工人，我想去从事我想要从事的行业，就算再苦再累也可以。于是，我去找过几次纺织厂的财务处了解了一些情况。然后开始了自学的道路，每天下了夜班就去市图书馆学习，晚上再去上班，一天只睡很少的时间，那段日子真的是挺苦的，也一度想着要不然就算了，安安心心地纺织干活儿，但是一到晚上面对着那一堆布料的时候最强烈的想法就是不甘心。于是也就咬紧牙关坚持下去了，直到最后考上了大学，然后又自学考取了会计资格证，成功地从一个厂里最普通的纺织工人转变成了一个财务处的会计，也有了正常的作息时间，这也算是没有辜负自己辛苦的学习和努力吧。

包括后来从厂里离职，到自己创办会计事务所，都是依靠着当初打下的基础慢慢学习的。有了专业的知识，在面对客户和公司的时候才会有底气，这也是为什么我们的会计事务所可以有更多的客户，因为我们的业务能力让别人满意。这也都是从我当初那份不服输不放弃的经历中得到的，所以说那一段经历是我这一生中最值得我骄傲的事情。

我也希望你有持之以恒的毅力和决心，只有这样才能做好事情。

对父亲的访谈

问题：父亲，您可以先简单介绍一下您的人生经历吗？

答：好的，我从小出生在农村，兄弟姐妹一共三人，小时候农村比较穷，日子也过得很苦。作为家里的老大，我也当仁不让地承担起了一些责任。由于当时家里没钱，我高中毕业就没有去大学，直接去了省里的部队当兵，先是空军地勤人员，后来学习了驾驶技术，拿到了驾照，加入了汽车连驾驶军用卡车。虽然我自己文化水平不高，但是我在军队中也没有放弃学习，一直在学习一些管理技术和专业技术。后来退伍后去了长春热力集团任职，先是作为一名技术工人，后来逐步上升到一名管理人员，手下也有十几个人。现在过着还不错的生活。

1.经历过的印象深刻的艰难事件

问题：请问有没有哪件艰难的事件让您终生难忘呢？

答：小时候艰苦的事情确实挺多的，因为小时候家里在农村，比较贫穷，一直到成家立业，家里的情况都不是很乐观。但是，要说起最艰苦的事情还是要说我当兵的那段时间。

我十八岁当兵，刚到部队的时候是真的受不了那种艰苦的训练，再加上我小时候吃得不好，身体素质也不好，许多体力训练对我来说都很困难。我当时是部队里最矮的一个，一开始很多训练都要很拼命才能达标。记得训练的时候要扛圆木，我要把圆木举到胸前，自己身体素质不好还要付出更多的力气和体力，每天回到营房，累得连床都不想爬上去，有时候干脆躺在地上不脱衣服就睡着了，就这样第二天一早还是要准时起床准时训练。

另外，在部队的时间里我也坚持学习各种技术，我当时对驾驶很感兴趣，所以学习了驾驶技术，通过了部队里面的考试，也成功地从空军地勤转到了汽车连，这也是我慢慢学习的结果。

在军队里我得到的最好的收获是坚持不懈的精神，这是我永远都不会忘记的。

2.描述一件印象深刻的因社会大环境改变而发生转折的家庭或个人事件

问题：那您有没有印象深刻的因为社会大环境的改变而发生转折的家庭或者个人事件呢？可以跟我讲述一下吗？

答：这个是有的，我从部队汽车连退伍后转业到长春热力集团做一名技术工人。从军队到公司，这对我来说也是一个非常大的社会环境的改变。从连队里的小社会走到公司的大社会，对我来说也是一个困难，要做好一名技术工人，自己在军队中学习的知识还不够，还需要自己多加学习才能处理得了要面对的技术问题，所以，我也是在一直学习来适应环境的变化和节奏的变化，以便在社会中立足并且更好地生存。

要知道军队和公司的环境是很不一样的，军队中更讲究服从和纪律性，做任何事情都要有规律，按照规章制度来办，而公司则相对宽松一些，作为技术人员，只需要我去解决技术问题，可身处管理层后，就需要我去解决我手下人的各种问题，方式方法也是很不一样的。管理公司的时候，你会发现不是所有事情都是有制度规定的，而且公司更多的是人际关系错综复杂的交织，一开始的时候确实让我有点手足无措，毕竟我不是那么善于处理人际关系，但后来通过自己的观察和学习，还是慢慢掌握了属于自己与他人相处的方式，也适应了这个从部队到社会大环境的转变。

3.个人成长过程中最值得骄傲或者自豪的一件事

问题1：从部队到企业，从士兵到管理者，您一路都在学习，也在成长，那您最值得骄傲的事情是什么呢？

答：其实要说骄傲的事情，我这一路走来确实也有不少。大多数都是在公司完成的业绩，或者是在技术中突破的问题。这些虽然让我感到骄傲，但是都比不上这一件事，那就是我在汽车连获得的二等功。这才是最让我感到骄傲的事情。

问题2：你可以详细给我讲述一下您获得二等功的情况吗？

答：那是我在汽车连的时候，当时我最大的爱好就是驾驶，那时候每一辆汽车都是非常宝贵的财产。而安全驾驶就是每一个汽车连的驾驶员要努力做到的事情，我当时努力磨练自己的驾驶技术，时时刻刻心思都在车上。而我的二等功正是因为我是全连里唯一安全驾驶无事故五万公里的驾驶员。虽然在别人眼里小小的剐蹭也许并不重要，并不会有什么大的损伤，但是这个二等功代表的不仅是我的技术，也是肯定我是那个最用心去驾驶的人。不要小看这五万公里，这可是无数天严谨认真和小心谨慎才铸成的，因此尽管我后来在公司里取得了很多的成就，但是这个二等功却是我心里最值得骄傲的事情。

访谈九

受访者简介

祖父，1943 年出生于陕西省西安市蓝田县，其父毕业于黄埔军校，其母毕业于陕西省渭南女子学校，家庭出身"地主"。因成分问题，祖父初中被迫辍学，后响应建设边疆的号召，于 1958 年来到新疆维吾尔自治区哈密市，在哈密矿务局学习汽车驾驶技术，后又响应建设北疆的号召，又继续北上，来到新疆阿勒泰地区阿苇滩乡生活，做了 20 年农民。20 世纪 80 年代，在改革浪潮下，祖父贷款购买了货车，开始运输事业，在当时收入颇丰，带领全家搬往阿勒泰地区阿勒泰市生活。

父亲，1971 年出生于阿勒泰地区阿勒泰市，在阿勒泰完成小学、初中、高中学业后，20 世纪 90 年代在阿勒泰地区北屯市造纸厂做销售工作，跑遍祖国大江南北，20 世纪 90 年代末二十一世纪初企业改革中下岗失业，回到阿勒泰市开了一家印刷厂，直到 2018 年，带领全家人搬到新疆乌鲁木齐市生活。

对祖父的访谈

1.在过去的年代里印象中最深刻的艰难的事情

问题 1：爷爷，在您小时候，或者没有来到新疆之前，家里发生过的让你印象深刻的事情是什么？艰难的或者是感觉辛苦的。

答：小的时候家里有很大一块土地，新中国成立之后，对有土地的家庭就被批斗为"地主"，像你的太爷爷太奶奶都是学校读过书的，有知识，还有很多土地，就会成分不好，没收了我们的土地。都说所有人往上数三代都是农民，这就可以说明土地对当时人生活的重要性了，所以条件一下变得很艰难，很多对别人来说很正常的事情，我们都被限制不能干了。

就像我小的时候，上学也是一件很难的事情，本来可以上学，成绩是够的，但是在学校同学会对你很敌视，而且就算有可能上，也会因为家庭成分的原因落选，或者就通知不让你上学了，所以在初中的时候我就被迫辍学了。

问题 2：所以成分应该对你们那一辈很多人都有很大的影响，那没有机会继续上学应该是比较遗憾的事情了是吗？

答：对，我很后悔没有能接着上学，什么时候知识都是很重要的，所以我在你爸爸小时候要求你姑姑、你爸爸、你叔叔都上学、读书，我的父亲也想让我读书，但是条件不允许了，连正常的生活都难以维持了，上学就是一件奢侈的事情了。

20 世纪 50 年代，当时全国人民的生活都不好过，其实中国是很穷的，好多地方刚经历过战争或者灾荒，那时候应该就是我觉得全国都比较艰难的时候了，更别说我们，真的什么都没有，肚子填饱都做不到，哪有人管你上学的问题啊，和现在真的没法比。而且我的爸爸很多年前就去世了，我们家四个孩子，都是你太奶奶拉扯大的，四个孩子真的不容易，能活下来都是幸运的了。这个成分问题实际上持续了很多年，很多年之后才没有。

2.印象深刻的因社会大环境改变而发生转折的家庭或个人事件

问题 1：那后来呢？您为什么来到新疆？这应该是更偏远的地方，什么事情让您的生活发生了转变？

答：我的兄弟姐妹、家人都还在蓝田，但当时在老家也上不了学了，我想我就出去走一走、闯一闯吧，看到有建设西北、建设新疆的号召，我就先来到新疆，在新疆工作了。最开始是在哈密一家矿务局学开车帮他们拉货，后来因为会开车我还自己干过运输，还当过驾校教练，不过那是很久以后的事情了。在哈密工作了几年后，因为建设北疆的

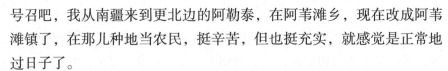

号召吧，我从南疆来到更北边的阿勒泰，在阿苇滩乡，现在改成阿苇滩镇了，在那儿种地当农民，挺辛苦，但也挺充实，就感觉是正常地过日子了。

问题2：那有什么社会事件，像新政策或者制度改革之类的事情让全家都生活改变了吗？或者说让整个人生都发生转折了？

答：那肯定有，在70年代末80年代初，国家改革开放，我们那一辈人是肯定不会忘记邓小平的，虽然我也不是什么共产党员，但是他真的制定了很多对当时经济有帮助的政策。

虽然远在新疆，1978年的改革开放也影响到了这里，1980年以后，成分的问题没有了，这真的是很大的改善，对我们当时来说真的感觉一下轻松了，政策、福利大家都一样了，都平等了，而且一些经济制度、体制也改革了，在阿苇滩可以贷款了，我之前学过开车，我就贷款买了一辆货车，开始搞运输，应该算是个体经营吧，收益还可以，还了贷款，还成了乡里第一个万元户，当时还是挺风光的。

问题3：所以是改革开放这个大环境下的一些政策影响了今后的生活，那在开货车运输的过程中有什么印象深刻的事情吗？

答：那当然，现在说起来感觉也没什么，但是开始的时候条件很艰苦的，你们现在肯定感觉不到，那时候中国才开始发展，大家都吃不饱呀，和现在没法比，然后跑车，都是自己在路上，生病也没人能替你，但要是生个病就在家不出车了，那一家人又都得没饭吃，也是生活逼迫的。而且开车经常一开就是一天，那时候也没有疲劳驾驶这种说法，但是现在想想多危险，白天为了赶路，经常吃午饭都到下午了，算和晚饭一起吃了。因为一个地方离一个地方也远，走几个小时才能看到有人的镇子，才能吃上饭。夏天的话晚上不冷，在车上睡还省钱，冬天可就不行了，新疆的冬天，你想想，多冷。有几次出车，还是和你爸爸、你叔叔一起，他们开始可是受不了。再说当时的路、当时车的条件是真不好哇，不像现在路那么平那么宽，车的性能也好，随便一辆都能正常走。当时货车油门踩到底，就一直"嗡嗡嗡"。

3.人生最值得骄傲或自豪的一件事情

问题1：那爷爷您有没有什么事情，或者一段经历让您觉得很骄傲或者自豪的?

答: 我们是村里第一家贷款买车, 第一家开始个体运输, 最后带着村里很多家开始跑运输的, 这在附近的几个村子里, 我们村也算致富了, 当时别人有叫我们汽车之乡、汽车之镇的, 我感觉挺骄傲的。

问题 2: 真厉害呀! 爷爷能说详细一点吗?

答: 那时候大家都是相信种地, 靠山吃山靠水吃水, 我们都习惯种地, 自给自足, 所以刚开始, 光是决定要贷款买车, 也是下了一番决心的, 如果要是跑车, 那家里就少了一个种地的人, 要是这部分钱不能挣到, 一家人还要吃饭, 所以我找村里其他人一起干的时候, 没有人愿意放弃种地去干运输, 现在看来我还挺勇敢的是吧? 哈哈。

经过刚开始那几年, 大家见我不仅还了贷款, 生活还越来越好了, 就愿意贷款买车一起干了, 我觉得我也算领路人了, 几十年前和村里的人一起干, 现在说这就叫致富了吧, 后来全村的人生活都有了改变, 我当时可是附近第一个万元户, 在 80 年代 "万元户" 可是很厉害的。村里的车也越来越多了, 我们也就被别的村叫作汽车之乡了。

后来, 我还把我的两个弟弟, 就是你的二爷爷和小爷爷也一起带到了阿苇滩生活, 后来又一起搬到阿勒泰。所以也是真的赶上了那个时候啊, 可以贷款了, 也没有成分这一说了, 虽然现在我们算不上富的那一批人了, 但是现在想想年轻时候的事情还挺开心的, 做村里的领路人! 年轻的时候感觉真好!

对父亲的访谈

1.经历过的印象深刻的艰难事件

问题 1: 爸, 你出生在新疆, 小时候感觉生活苦吗? 有没有让您印象深刻的?

答: 跟现在比肯定是辛苦, 但还算好, 起码十岁以后生活是越来越好了, 所以让我印象最深刻的就是小时候, 大概小学的时候吧, 我出生以后一直到十几岁, 我的身份还是地主的儿子, 所以还是受到歧视。

问题 2: 爷爷不就是地主吗? 这是像世袭一样的身份吗?

答: 对, 如果不是 1980 年前后, 国家取消了身份差别, 没有地主还是贫下中农这些说法了, 这可是一直会跟着我们的, 不过如果那样的话，中国也不会发展这么快了，现在你们调查关心的也不会是这种问题了。

问题3：所以这种身份还是跟了您十来年的，是吗？有什么印象深刻的事情吗？

答：对，因为到年纪上小学，开始念书了，因为家里成分的原因，很多学校的同学都会嘲笑、歧视我，当然学校也不止我一个，然后年纪小嘛，你嘲笑我，我不服气，那就打架，当时上学都已经不是单纯去上学了，每天都互相想着怎么让对方服气，对自己客气一点。每天放学就约群架，一帮人在小路上，打架也真的是练出来的，但学校也有人就是默默被欺负的，反正感觉歧视很不好，不管是选择打架解决还是忍受他们，其实对心理都是有伤害的，你像现在我还记得这种事情，都过去三四十年了，人都不记得了，但是事情还记得。

当时也有好好学习过一段时间，但是就算成绩好，老师也不会让你坐在前排，选你当班干部或者评选上"三好学生"之类的，甚至上课的时候不会叫你回答问题，这也算是一种忽视吧，尽管没有强制被退学，但是什么好事情都不会轮到你，就是被隔绝的感觉，不参与学校里的事情。不过我们就是最后一批了，已经算是挺幸运的。

所以对我来说，因为那个身份，让我在刚开始读书的时候就感觉到了来自各方的歧视和不公正对待，对当时的我和我家庭都是印象深刻的艰难的事件，因为我们当时没有办法改变，比较无能为力吧。不过已经算是比较好了，起码不是压了我一辈子，很快就取消了。

2.印象深刻的因社会大环境改变而发生转折的家庭或个人事件

问题1：那我觉得对您来说，身份差别取消是一个重要的转折了，是不是感觉一下子生活和心情都好多了？

答：对，这算是一个，1978年还是1979年，现在记不清了，取消身份差别以后，基本上大家都平等了，都一样了，所以我也能继续上学了，不然要是一直打架哪能学到东西。我十几岁还回过蓝田，在西安也待了一段时间，还经常去兴庆公园呢，没想到你会在那儿上学。

再后来几年，你爷爷贷款买了车，开始个体运输了，那段被差别对待的时间也过去了，地种不完就包给村里的其他人家了，再后来家里生活开始好了。这也算你爷爷的人生转折，是当时我们一家的转折，能被很多政策公平对待真的是个极大的改变。

问题 2：那还有别的吗？

答：有，就是我工作的转折。1990 年的时候我开始工作，但是 1999 年、2000 年国企改革，当时北屯造纸厂属于国企，结果我从北屯造纸厂下岗了，当时大面积裁员，一下没工作了，生活来源就没有了，而且是我和你妈都从造纸厂下岗，然后还要面临 2000 年你就要出生。

问题 3：所以你们回阿勒泰开了印刷厂是吗？

答：算是吧，国企改革这个社会大环境，使我的人生发生转折了。当时没了工作，就想着回来，起码还有家里人在阿勒泰，而且因为觉得印刷厂也是和纸有关系的，但开印刷机说实话我们都不会，要重新开始学，找客户做生意。

在造纸厂做销售六七年，但是我在阿勒泰开印刷厂可有十八年了，从你出生那年开始。你应该有印象，小的时候我和你妈没时间带你去公园，白天把你放在奶奶家，有时候还睡在车间的桌子上，因为刚开始干比较慢，而且会出错，那就得重新来，当然会花更多的时间，但也没有办法呀，下岗了就要重新开始，一家人还要吃饭。这就真的把它当作事业来干，当时也快三十岁了，不能像原来干销售那样乱跑，现在看最难的那段时间已经挺过来了。

3.个人成长过程中最值得骄傲或者自豪的一件事

问题：那您觉得有什么感到自豪的事情吗？

答：当然有，我觉得我是比较能吃苦的人，九几年在厂子里，我天南地北地跑生意，每到一个城市，先买地图，然后把附近一点一点走着逛，多少地方我都可以知道我要走多少步就能到，附近的可以联系的客户有哪些，那都是一个一个跑出来的。和他们打电话，当时还不是一人带一个电话，得先到地方，用座机或者是 BP 机联系，很不方便。但是像在广州很多印刷厂就会用我卖出的纸，因为他们相信我这个人。当时去广州可是很远啊，离新疆几千公里，在整个厂子我都是销售业绩最高的，如果我从外面跑业务回来了，整个厂就都能发工资了，领导还专门给我分了一套楼房，现在看肯定是很小，但当时能住得上楼房的可是没几个啊，确实是对我工作的肯定啊。

后来下岗干个体、开印刷厂，刚开始多困难，整个阿勒泰市有十几家印刷厂，都是比我们家规模大、干的时间长，我们不占优势，但是你看过了十年，只剩4家了，所以干一件事情就应该用心去干，我干销售，那我就认认真真去想客户的需求。我干印刷，那就诚信经营，只想着怎么样把单子印刷好，把质量保证好，把错误降低到零，在规定的时间交货。

干了十年之后，你也十几岁了，应该也知道，那些都是固定客户，都是别人找上门来和我做生意了，还有些人只和我做生意，因为他们相信我，愿意把东西交给我做，觉得我们家的货质量有保障，绝对不掉页、没有错别字、不缺页。像当时税务局没有复印的时候，不就是来和我们商量看能不能带复印嘛，虽然这么说有些骄傲了，但我确实觉得能被这么信任是一件很自豪的事情，也不能辜负客户们的信任不是吗，这么十几年的生意不是白做的，做生意也是做人啊，真的是诚信经营，我对这个感觉还挺自豪的。

而且我和你妈妈也一直提前规划，你高中考到乌鲁木齐，我们一家也在你高中毕业时搬到了乌鲁木齐，起码是新疆的省会城市，教育和医疗都是比阿勒泰要好的，也是因为那么多年的努力，我们才能在乌鲁木齐住上自己的新房子。

访谈十

受访者简介

外祖父，生于20世纪50年代，祖籍为河北省河间县，出生不久后随家人迁移到黑龙江生活。由于家庭的经济和社会原因，读完初中后就辍学回家，加入北大荒的开发队伍。后在父母的影响下自学粮食财务等方面的知识，最终在20岁左右进入县粮食局从事出纳工作并加入了中国共产党。在工作岗位上兢兢业业，不断提升自己的能力与见识，虽然学历不高但刻苦钻研，最终担任了粮食局的财务经理。

父亲，生于20世纪70年代，祖辈都生活在黑龙江省，早年学习刻苦，但读完初中后由于家庭经济原因未能读高中，曾到造纸厂做过一年工人，后响应了国家号召到吉林当文艺兵，三年后回到老家县评剧团工作并加入中国共产党。后调任到县博物馆，获考古学学士学位（成人高考），现为博物馆副馆长。任职期间带领博物馆工作人员到多地考察文物遗址，重点考察过三江平原地区与小兴安岭地区的文物分布与遗址。此外，作为一名共产党员，在县内多次举办纪念东北抗联的活动，向百姓宣传东北的红色抗联精神、东北义勇军以及三江流域的历史文化，同时也积极参与扶贫工作，为县内的脱贫攻坚贡献力量。多次获得了先进模范个人等优秀荣誉称号。

对外祖父的访谈

1.在过去的年代里印象中最深刻的艰难的事情

问题：姥爷，在您比较年轻的时候，经历过哪些印象深刻的较为艰难的事情呢？

答：我印象最深刻的事情里，第一件事应该就是三年自然灾害了吧。三年自然灾害主要是因为之前闹大跃进、搞人民公社运动。我们黑龙江现在的定位是祖国的粮仓，当时也是开发北大荒的时期，但是大跃进实际上主要是开发工业、大炼钢铁，如此一来我们的农业发展就被抑制了，粮食储量就跟不上去。紧接着就是三年自然灾害，虽然名义上是三年，其实是五年，大概是1957—1962年吧。

那个时候我还在上小学，别的地方不太了解，我只记得黑龙江这里是年年旱月月寒，种下去的庄稼根本就长不出来，再加上粮食储量也没跟上去，大家都饿着肚子，因为担心吃了上一顿没有下一顿，每次一有饭吃就狼吞虎咽，生怕下次吃不到了。即使这样我们黑龙江在自然灾害期间并不是条件最差的地区，许多关中的受灾严重的地区的人甚至拖家带口来到东北避难。那个时候几乎所有的河都是干的，灌溉水也跟不上，粮食是年年减产，真的是一段看不到希望的日子。

2.印象深刻的因社会大环境改变而发生转折的家庭或个人事件

问题：那还想请问您，您印象中有没有哪件因为社会的大环境改变而发生转折的个人经历或者家庭经历呢？

答：嗯，社会大环境改变的话，我能想到的就是"文革"最后打

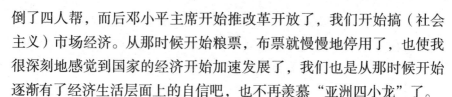

倒了四人帮，而后邓小平主席开始推改革开放了，我们开始搞（社会主义）市场经济。从那时候开始粮票，布票就慢慢地停用了，也使我很深刻地感觉到国家的经济开始加速发展了，我们也是从那时候开始逐渐有了经济生活层面上的自信吧，也不再羡慕"亚洲四小龙"了。

计划经济那时期搞的是凭证供应嘛，一年至多能添置上两件新衣服，还是一般的平布。"过年穿新衣"的期盼是我和我的那些伙伴们都有过的愿望吧。如果能在没有过年就穿上新衣裳，让邻居羡慕时的那种满足和得意，现在的年轻人恐怕都不能理解。改革开放之后我也已经成家了，作为一家的顶梁柱，我也逐渐觉得生活没有那么难了，从以前的吃不饱到后来的吃得饱，这是让我们很幸福的一件事。

还有，就是早年那时候所有的选举都是上面定了，底下再投票，甚至还有人追查投票的情况；现在，虽然有许多还是上面定的，但还是在选举前还要征求一下意见，下面也可以另外推选别的候选人，也有过另外推选的候选人当选的例子。

如果从我的工作角度来看的话，改革开放对我们的最好的影响就是我们本省的商品粮可以大规模地出口到国外了，黑龙江的土壤条件好，因此水稻质量都很高，很多种类的大米已经出口到日本、马来西亚、朝鲜那些国家，这就大大地促进了我们本省的农业发展与商品粮的发展。

对父亲的访谈

1.经历过的印象深刻的艰难事件

问题：爸爸，您在年轻的时候，有没有经历过哪些印象深刻的十分艰难的事情呢？

答：十分艰难的事情的话，应该就是我在造纸厂上班的那一年吧，当时家里的经济条件不允许，而且我不得不帮家里干养鸡的活，因此就没读高中，那年我才十五岁。后来为了缓解家里的经济压力我就直接去外面找了工作，换了很多地方也没找到合适的。在80年代，东北尤其是黑龙江省的造纸工业是很发达的，我的很多辍学的同学都选择了去造纸厂上班，做一个工人，我最后也去了造纸厂。

80年代的东北虽然是重工业基地，但是我们县里这种小地方的造纸厂条件极其艰苦落后，机器很少，很多都是靠纯粹的人力。虽然给的报酬还可以，但是非常辛苦劳累，每天都要去工作，没有双休日，而且一干就是一整天；每天的工作更是枯燥乏味，主要就是用挑钩挑草堆和树枝，送到一个大的容器里。此外，还要做搬运东西等杂七杂八的工作。那段时间就是非常绝望，心想着以后一辈子都要做这种工作了。就这样干了一年后我不堪重负大病了一场，病好了后决定另谋出路。

之后看到了征兵的消息后就决定入伍参军了，在吉林的一个地方当了三年的兵。虽然当兵同样很苦很累，但一想到未来能够分配工作，就对生活又产生了希望。

2.印象深刻的因社会大环境改变而发生转折的家庭或个人事件

问题：那还想再请问您，您印象中有没有哪件因为当时社会的大环境改变而发生转折的个人经历或者家庭经历呢？

答：印象中社会大环境改变的话，应该是 2000 年左右了。那个时候互联网刚刚走进千家万户，我们家也是第一批接入宽带的家庭。那个时候上网还要拨号，还要记住各种地址和域名。2000 年的时候还没有 QQ 和百度，大家用的搜索引擎都是 3721（图 2-3），聊天都是最早的 BBS 论坛（图 2-4）或者网络聊天室。

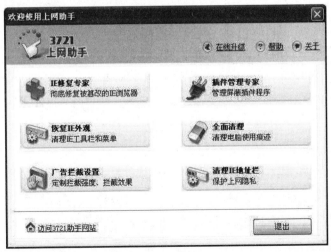

图 2-3　由西安交大的校友周鸿祎创办的最早的 3721 上网助手

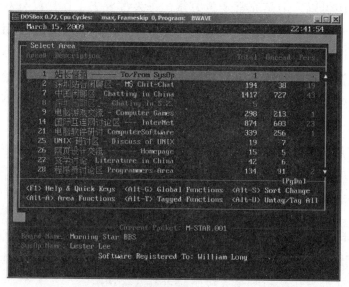

图 2-4　最早的 BBS 论坛的外观

那个时候看电视还是最普遍的消遣方式。我们这些最早的"网友"反而在互联网中了解到一个全新的更大的世界。通过互联网，我们能够和素不相识的网友在网上聊天，还可以在网上听音乐看新闻。那个时候百度还没有现在这么普及，淘宝还没出现，我们看新闻都是用新浪、搜狐、网易。

后来过了四五年，QQ 和淘宝开始走进了我们的生活。最早的QQ 界面也是十分简陋的，只能像短信一样互相发文字，后来有了网络摄像头，大家可以近乎"面对面"地聊天交流了。淘宝这个东西一开始很多网友都是不相信的——在网上买东西，安全吗？能拿到手吗？后来在 BBS 上和网友交流之后我也第一次在网上买了一本书，从那时起体会到了互联网的迅猛发展和美好前景，感受到互联网对百姓生活的翻天覆地的改变。

再到 2010 年左右，智能手机开始走入寻常百姓的生活中，许多台式电脑的功能开始逐渐地移植到手机的各种 App 上，于是现在很多人办事都用手机来解决，手机这样的工具也在不断地改变人们。和现如今的其他行业相比，互联网可谓是常青树，它能够渗透到各个行业，从根本上改变人们的生活方式。

3.个人成长过程中最值得骄傲或者自豪的一件事

问题：我成长的过程中也体会到了互联网为我们的生活带来的这种巨变。那还想再请问您，您觉得在自己的成长过程中最为自豪的一件事是什么呢？

答：最为自豪的一件事大概就是通过自己的努力通过了成人高考并且拿到了学位证书吧。因为刚读完初中我就因为家里的经济情况辍学了，在找工作的过程中也深深地感受到"知识改变命运"。现在的社会，如果没有学历不论是就业还是办其他事情都是很困难的。学位证书是最快地了解你的个人能力的一个凭证。

所以在我被调任到县博物馆后，为了更好地工作，我报考了成人高考，最终通过个人的努力获得了考古学的学士证书。在学习过程中我阅读了很多历史文献，了解了我们省的历史，包括东北抗联的历史以及满族相关的各种历史等，这些知识的积累让我能够带领工作人员开展文物的保护与考古工作，也帮助我们的博物馆发现了更多的有价值有意义的文物（图2-5、图2-6）。

图2-5　东北抗联军在抗战过程中缴获的日军武器，出土于临近村

图 2-6　缴获的日军造左轮手枪，现存于博物馆内

访谈十一

受访者简介

祖父，出生在四川省绵阳的一个小县城的小村庄，没有读过书。在艰难的生活中养大了 5 个孩子。

父亲，1970 年代生人，生于四川省绵阳的小村庄，初中未毕业，之后在上海打工至今。

对祖父的访谈

1.在过去的年代里印象最深刻的艰难事件

问题：爷爷，在你这一生中，你觉得你经历过的最艰难的一段时光是什么呢？或者说是某个事情让你有了很艰难的感觉。

答：哎，其实说老实话，前半生都是过得很艰苦的，最难的时候应该是你爸爸出生之后的事情了，你爸爸是老五，当时生他的时候啊，考虑到你奶奶的身体情况还有我们家的经济情况，我都建议不要生你爸的，但是你奶奶还是坚持要这个孩子。你不知道，我和你奶奶养 4 个孩子都非常困难了，就靠我用竹子编一些箩筐、椅子什么的去卖钱，有的时候啊，还要干些偷偷摸摸的事情，说给你听都不光彩。

当时庙山上有一家做面的，他们做的面要拿到外面晒，我有时候从那边走过去都要弄一下藏在自己裤子里面，回到家都碎了，但还要勉强吃啊，当时这已经算好的了，大多数时候就是煮一大锅饭，里面只有几颗米，孩子们都吃不饱。那时候你奶奶的奶也不够喂孩子的，所以生你爸爸出来必定会出现很大的苦难，最后还是服从了你奶奶，把你爸爸生了下来。你是不知道啊，你爸爸生下来的时候啊，就看起来特别小，一称不到六斤，当时接生的人就说了，这孩子估计活不下来，因为你奶奶没奶了，就把你爸爸送到了我姐姐家里去吃奶，能不能活下来也不知道啊。

最艰难的是，你奶奶生完你爸爸后，身体就非常虚弱，根本下不了床，平时什么事情都需要我做，一个人带着4个孩子，天天都在为吃饭发愁，吃了上顿没有下顿。你奶奶的身体越来越不好，吃药也花了很多的钱，当时我已经感觉天快塌下来了，每天像个鬼魂儿一样，完全没有了对生活的感知，还好的是，我的那四个孩子都很听话，都多多少少能帮我做点事情。

我记得有一天晚上出去偷菜啊，运气真的不好，碰到了那家人出来撒尿，看到有人偷菜就大喊大叫"抓贼啊"。我吓得撒腿就跑，还好当时的天很黑，没有被认出来，我跑得也快，没有被追到。当时的日子也不知道是怎么熬过来的，后来你奶奶渐渐好了起来，你爸爸也活了下来，我的生活才有了希望。所以对我来说啊，那段时光，真的算是我人生中最艰难的时候了。

2.描述印象深刻的社会事件

问题：爷爷，您有什么印象深刻的社会事情吗？

答：社会事件，印象特别深刻的倒是没有什么，我在农村受的影响都比较小，记得有一次看见八路军从我们门前排着整齐的队列走过去，当时我知道啊，这些人是好人啊，是上战场拼命的人，我当时就想拿点东西给他们啊，但是他们人好多，我们家里又比较穷，也拿不出来什么东西，就给他们拿了一些红薯，他们还不要，说着些什么，满脸的笑容。

当时有一段时间农村的人装神弄鬼的，我记得有一次啊，我晚上起来撒尿，看着四个人抬一个棺材，棺材盖子都没盖，还阴阳怪气地唱着些什么，看着真的吓人，你说这不是装神弄鬼是什么，也不知道有什么目的，我又不爱管这些闲事，我啊，就是喜欢过好自己的生活，对于那些虚幻的东西是既不相信，也不害怕，这也让我敢走夜路，不怕任何人。我在农村经历的社会事件确实不多，很多事情都是乡村里自己搞出来的，也不是什么大事，就当热闹看看就行了，所以对于我来说，经历过的那种中国社会上的大事件确实没有印象特别深刻的，这些事件都应该是在城里面闹得比较凶，辐射到农村的就没那种特别大的感觉了。

3.人生最值得骄傲或自豪的一件事情

问题：爷爷，您最骄傲的事情是什么呢？

答：最骄傲的事情，可能就是那段最艰难的时光把五个孩子养大了，现在想想都佩服当时的自己啊，家庭情况真的不好，没饭吃啊，为了养大五个孩子，想尽了各种办法，总算也是熬了过来，看着孩子们一个一个都成家了，心里也就非常高兴了，现在孩子们都过得不错，虽然没在身边，但是经常打电话问候我，有个什么节日，我过生日，他们也都会回来，我这一生也没干什么大事情，不过好好养大了这五个孩子，就已经是我最骄傲的事情了，现在重孙孙也都抱了好几个了，现在的生活真的非常的幸福，以前困难的时候，谁能想到现在这样舒适的生活啊，天天找以前的老头玩玩，生活休闲得很，也不像电视上报道的其他好多国家，还在打仗，你说他们打什么啊，打仗真的让百姓的生活在水深火热之中。

我还有骄傲的一点是，五个孩子都有很好的品德，从没干过什么伤天害理的事情，我相信他们培育出来的孩子也一定会越来越好，你看看你现在多优秀啊，你爸爸也是有福分。我从小就教他们那些基本的为人处世道理，我以前虽然干过一些偷偷摸摸的事情，但那是生活所迫啊，没办法，真的，我现在都特别后悔，我可以编箩筐卖钱的，你可不能学爷爷哦。爷爷还有一件骄傲的事情啊，就是你这个孙子，给咱家长了脸，爷爷现在出去玩啊，就要把你说出来，我多骄傲啊。你的哥哥姐姐啊，都是读小学、读初中看起来还行，高中就读不动了，考上大学的就你俊姐还有你了，你可一定要争气啊，你的爸爸为你骄傲得很，你可不能让他失望啊！

对父亲的访谈

1.经历过的印象深刻的艰难事件

问题：爸，您经历过的最艰难的事情是什么？

答：最艰难的事情，我出生就很艰难，哈哈哈，但是那时候啊，我没有什么印象，都是后来你爷爷告诉我的。

对于我来说，感到艰难的时候就是刚出来打工的时候，当时我才19岁，因为家里穷啊，我上学的时候，别人家的孩子都是先交学费再上学，我不一样，家里没钱给我，都是你爷爷编箩筐卖了钱再去给老师，一学期都在交学费。

有一次啊，我就很不听话，我说：别的孩子都交了学费才读书，我也要。你爷爷拿起个扫把就追着我打啊，我印象深刻，那次可把我打狠了。现在想想，其实他老人家真的也很不容易，我因为当时成绩还不错，家里就一直把我送到了初中。我初二的时候，家里实在没钱了，当时正好赶上县上的一所重点高中招生，只要考上了不用给钱就能读书，我才初二，我就去参加了考试，结果只差了一点点，没有考上，我也就没有再读书了。

回家一段时间后，就安排了婚事，结完婚不久，我和你妈就两个人来到了上海，想在这边找到一份工作，刚出来的时候，真的是什么也不懂，人生地不熟，我们就到处问，到处找要招人的，可哪有那么简单呢。第一天晚上，我们就找了个路边就睡觉了，你妈妈又饿又冷，我们出来带的钱本来就很少，就只能吃些馒头。到了第三天啊，我终于找到了一个搬砖的地方，也算暂时安心了一点，我就先搬砖，你妈妈就继续找工作，那段时光真的很难，我下班后还得找房，天天都饿着肚子，但是又能怎么办呢，日子就是这样，总要过，后来一切也慢慢好了起来。但是我们刚出来什么关系也没有，难免在很多方面被欺负，吃亏也只能忍着，我在自己手上都刻了一个"忍"字，既是要我忍受生活中的艰难，也是提醒我对你的不懂事要忍，不能像你爷爷一样，动不动就拿起他那个扫把打人。这算是一段艰难的时光。

还有就是生你的时候，你是在车上就生下来的，生了你之后，我和你妈都有工作，所以不得不把你送回了你爷爷身边让他照顾，你妈妈也得休息，就我一个人打拼。不过啊，相比你爷爷，我其实都没有那么难，这些你是体会不到了。

　　我和你爷爷，都是一个家庭因为穷所导致的这些艰难，你以后的难处就不会是这些事情了，不过你肯定也会经历让你非常绝望的时间段，记住，要站起来与它对抗，不要服软。

　　现在我们能有这样还算不错的生活，都是靠一点一滴的打拼来的。虽然你妈妈没怎么读过书，但是没有她就没有我们现在这个家啊，你妈妈买个菜都要走好几家超市，看哪一家的便宜，不像你们现在这样，看的是哪家的好就买哪家。你妈妈总是舍不得买衣服，她衣柜里都还放着十几年前的衣服，现在拿出来都还能穿。你们现在的娃娃，衣服上起个毛球就不想穿了。算了，你一会又嫌我说多了，我也扯远了，话说回来，最艰难的时段应该就是刚出来谋生的时候了，一切都要靠自己打拼，就像你的学习一样，要靠一点一滴慢慢才能有现在这样的成绩。

2.描述一件印象深刻的因社会大环境改变而发生转折的家庭或个人事件

　　问题：老爸，你有经历过什么印象深刻的社会事情吗？

　　答：这些东西应该还是你爷爷知道得多些。我倒是经历的不多，不知道2003年的"非典"疫情算不算，由于上海市民相对良好的卫生习惯和当时上海市政府机关相对有效的防控措施使得上海市的"非典"疫情并不太严重，并未造成大范围人员感染或者社会恐慌。所以其实我们在上海也没有受到多大的影响，不过听你爷爷说还蛮严重，很多学校都设立了隔离所，很多学生被检查出来有异常就会被隔离。

　　对于我这样的工人来说，其实对我影响较大的感觉是关于房地产方面的一些政策，因为我是搞这方面的，靠建筑生活嘛，但是国家为了控制炒房这些不好的现象，就下放了一些相关的政策。当然，这些政策肯定是对老百姓非常有益的，但从我个人非常自私的角度来看，这确实让我的工作受到了很大的影响。当年我有很多时间都在找工作，这种工地上建筑方面的工作真的大幅缩减，很多混饭吃的都下岗了，还好我经过几年的努力，在这方面还是有不错的实力，所以勉强还是能断断续续找到一些事情做，不过收入明显减少了很多，当年心里还默默恨国家的这些政策，相信很多像我这样的工人当年都是这样一种状态，尤其是在上海。

后来我去了船厂工作，虽然在里面不愁活儿干，但是我一进去可就是个新手了，不像我在工地上，还可以带几个人，在船厂，我就必须从那些体力活儿开始慢慢干、慢慢学，直到现在，我都还没有当年在工地上那般得心应手。所以对我来说，这算是对我影响非常大的一件事情了，也不知道这算不算你说的社会事件，我就只知道这些了，你爸也没什么文化，不知道给你表达得清楚不。

3.个人成长过程中最值得骄傲或者自豪的一件事

问题1：老爸，您最骄傲的事情呢？

答：我最骄傲的啊，不就是你啊，把你培育出来，你也十分的争气，特别是去年给你办升学宴的时候，那个时候我真的是非常骄傲了，我们一大家子人要不就没有读过书，要不就是前面成绩还行，后面成绩就不行了，你现在取得了这样的成绩，能不是我的骄傲吗，我当时觉得前面的辛苦都是值得的，心里真的有了那样一种满足感。

问题2：我知道我是你们的骄傲，爷爷也这样说，不过您还有其他什么事情吗，除了我。

答：那可能就是我在工作上的成就了，我前面不是说过吗，我现在都没有以前在工地上得心应手，我在工地上搬砖搬了一段时间，后面老板看我干得很卖力，很老实认真，就开始给我其他的事情干，不过我对工地上那些建筑什么的简直是一窍不通，怎么办呢，我只能自己学习了，特别是工地上的图纸，那是非常关键的，我当时真的用了大部分的时间来学习工地这方面的专业知识，就是现在，我虽然很久没干那方面的事情了，可以前的工友有时都会把图纸发给我让我帮他们看一下，我真的一点一点学习，到了后面，真的已经达到了很厉害的地步。于是，我开始在工地上带新手了，工作也轻松了许多，工资也提上去了不少，我们的生活压力也就小了很多，所以现在回想起来，当时那种认真严谨的学习态度改变了我，毕竟你老爸上学的时候也是很厉害的，所以啊，这应该算是我值得骄傲的一件事情了。

当时我并没有因为对那方面的知识一窍不通而放弃了升职的大好机会，也没有被那看似的艰难险阻而吓倒，毕竟凡人凡事都是从一开始什么都不知道开始的嘛，就像你接触一门新的学科一样。这样一想，那你可值得骄傲得多了去了，不过你老爸当时已经很久没有学习了，全靠自学自律，应该还算可以吧。

问题3：是蛮厉害的，要是让我一个人这样，肯定没有那种毅力与自律去学习，特别是你的那些图纸，看着就让人脑壳大。

答：那图纸确实需要细心与扎实的基础才拿它有办法，上面有很多那种小的零件，不仅要会认，还要学会标注，我当时其实也被搞得头疼，不过最后还是克服了过来，记得当时还熬夜学习。这应该就算是我比较骄傲的一件事情了吧。

尤其是每次以前的工友现在都会把图纸给我让我帮他们看的时候，我的骄傲之情就会油然而生，你应该也会有这样的时刻吧，当你的同学来问你问题时，你应该也会有这样的一种情绪。不过这也应该有个度，且不可因为这个昏了头脑，这些你应该都懂，我就不多说了。

访谈十二

受访者简介

外祖父，76岁，中学文化，生活在山东百强县的一个农村，年轻时得过肺结核，改革开放后承包工程，主持修建了村里村外的几大建筑，是十里八乡的名人。育有一子一女，两个孩子通过高考，跳出农门，在外地工作成家。

母亲，大专（后修本科），毕业后分配在事业单位工作，干部身份。

对外祖父的访谈

1.在过去的年代里印象最深刻的艰难事件

问题1：姥爷，您给我讲讲你小时候印象里最艰难的事情呗？

答：讲什么啊，都过去几十年了，早记不清了。（姥爷陷入了沉思，房间里静悄悄的）哪有什么最艰难的事情啊，就是穷呗。

问题2：怎么个穷法，是不是得有点具体的例子？

答：好像没有什么特别的事情记得，我那时候可能十二三岁吧，记不清楚了，那时候我奶奶死了，大冬天的，我脚上连双能穿的鞋子都没有，就光着脚。我们那时候，没什么鞋子穿，棉鞋那时别想，有双草鞋就不错了，有双草鞋也是传着穿，哥哥穿了弟弟穿，穿烂了，也没有了新的，就继续穿着，没了就得光脚了。

问题3：这么惨啊，冬天连双草鞋都没有，就光着脚？

答：那又有什么办法呢，穷啊，没法啊。我们那时候没有秋裤，我那时候穿我堂哥的棉裤，我堂哥大我几岁，那棉裤在我身上咣咣当当的，冷风就顺着那个缝直往我身体里钻。

那时候，咱家就一间房，床都不是张像样的床，就是一堆树枝树叶搭起来的一堆破烂玩意儿，你姥姥和我，还有你大舅、你妈，一家四口人就躺在那上面。

还吃不饱，你们年轻人现在还抱怨馒头咸菜什么的，我们那时候哪能吃得上什么白面馒头啊，能吃上小米面、高粱面窝窝头就不错了，逢年过节都不一定能吃上肉。真的穷呀，我身上长着病，做工拿不了几个工分，全靠你姥姥做工攒的那几个工分，勉强糊个口。

2.描述一件印象深刻的因社会大环境改变而发生转折的家庭或个人事件

问题1：姥爷，那有没有什么印象深刻的，因社会大变革，而影响到家庭或者个人的大事件吗？

答：你是说改革开放吧，不就是改革开放，咱家环境才慢慢好起来的嘛。

问题2：姥爷，你得讲得更具体一点吧。

答：咱国家是1978年开的党的十一届三中全会，那时候改革措施家庭联产承包责任制还没落到咱们村子里，咱们是1982年实施的，一改革开放咱们就吃上饭了。1979—1980年的时候，咱家日子就开始比村里其他家都强了。

问题3：姥爷，您把我绕糊涂了，您说改革开放是1978年，而咱们村是 1982 年才开始的家庭联产承包责任制，那怎么会在 1979—1980 年的时候日子就开始好转了？

答：党的十一届三中全会是 1978 年冬天开的，那个时候咱们村虽然没有落实家庭联产承包责任制，但是这个会一开完，整个大的社会风向已经变了，村子里开始在悄悄地改革。

你知道吗，过去是人们统一上工，早上早早起来在生产大队前面集合，然后大家伙一起去地里干活儿，但是大家早早去了那儿，都不干活儿，都在边上磨洋工，仨俩地凑在那儿聊天，效率极其低下，那个时候村里改革，家家户户分了一块田，收成是自己的，想几点去干活，就几点去，虽然干活时间少了，但效率高了。不像以前在地里磨叽不干活。

问题 4：不过姥爷我还是不太明白，你说政策一出来咱家条件就好了，是怎么好的，那时候有没有开始家庭联产承保责任制？

答：咱家那时候靠养猪条件变好的，养猪，大队里给你工分，猪长一斤肉就给你记两工分，到年末，猪养得肥了，还给你奖励。

问题 5：养猪？是给大队养猪吗？

答：不是，咱自己的猪。

问题 6：为什么养自己的猪，大队还会给你记工分奖励啊？

答：这不是改革开放，政策变好了吗，这是村里鼓励你养猪赚钱。咱家的猪长得快，是因为我不像其他人，只给猪吃草，那养几年都喂不出肉来，我花钱给它们买饲料，它们吃饲料长得快。

我给你算笔账，买饲料喂猪，虽然开销大，但猪长得快，长肉生产大队里就有工分给你补助，你工分攒着，就可以换米啊面啊油啊布料啊，买饲料的钱工分就可以抵去三分之一。剩下的怎么算呢，你那个猪啊，拉的粪便可以卖到大队里面去，当时没有化肥啊，化肥没有普及，加上人也没钱搞那个化肥，种庄稼粮食，大家都是用这种肥料，大队收了肥料再给村民们分下去去粪庄稼，提高产量，你看这笔钱，又抵了饲料的一大部分。最后，还剩个小豁口，怎么补呢？那个猪啊，不是最后还长了肉吗，年末的时候，绑到集上一卖，那个时候，肉很贵啊，几百斤的猪，最后好贵的。就这样，1979 年的时候咱家就靠养猪过上好日子了。

那年靠卖的那几头猪，咱家过了个好年啊，连着吃了好几天的肉呢。还有，甜甜，1979 年，谁扯的棉花多，谁记的工分就多，那年姥姥一个人比得过三个人，挣了好多工分，当时工分换了块棉布，给你妈缝了一个新的小棉袄。

3.人生最值得骄傲或自豪的一件事情

问题：姥爷，那您这辈子做过的最骄傲的事情是什么呀？

答：当然是前年我给我和你姥姥买的养老保险啊，现在我和你姥姥，每个人每个月能领一千多块钱呢。你看我和你姥姥都七十五六岁的，哪家保险还会让我们参保养老保险？

前年那个机会是真的很难得，可以说是最后一个机会了，六十岁以后的老人，交十万块钱，就可以参保，每个月发钱，还可以根据通货膨胀涨钱。你说说，这对于哪个老人不是一个莫大的心理安慰啊！年轻时攒的钱都会越花越少的，就是留得再多，心里也会发慌，万一生个大病啥的，不就没了吗，况且我们那个年代，又没有交养老保险，又不在国有企业工作，哪来的养老金啊。我当时一口气拿出二十万交这个，你姥姥那个埋怨劲儿的啊，你看现在，她是不是挺欢喜的。

对母亲的访谈

1.经历过的印象深刻的艰难事件

问题 1：妈妈，您成长过程中有印象最深刻的艰难的事情吗？

答：没有具体哪件是最艰难的事情，可能就是穷吧，那个时候，正常，都吃不上饭。

问题 2：妈妈，您说得再具体点，姥爷刚刚也这么和我说的，您小时的穷和姥爷小时候的穷，有什么区别吗？会不会好一点。

答：我小时候，虽没太饿过肚子，就是吃得不太好，经常就是萝卜咸菜什么的，主食可能就是窝窝头，那时候我姥爷家的条件要比我们家好一些，蒸窝窝头的面挺不错的，我还挺喜欢吃萝卜咸菜的，过年的时候能吃上肉，就是我不太爱吃。

问题 3：那穿的方面呢？

答：我们当时粮食、布匹都是拿粮票布票换的，一家一年的布料也可能攒不出一件衣服，我们当时一年就穿一件衣服，也没个替换的，一件棉衣从冬天穿到夏天。衣服为了多穿一些时日，都会做得大一些。冬天嘛，没有秋裤啥的冷风都顺着棉裤下面就灌进来了，夏天的时候那大棉衣就捂在身上，热得慌。不过，这段日子不算长，我那时候挺小的，很快改革开放，你姥爷就富起来了。

因为那时候小嘛，感受不到多么苦，现在想起来那段日子还有点怀念。你知道，我们当时不是在山脚下嘛，那时候封山，不允许人们上山拾东西。不过等天黑了，村里人就偷偷上山，拣点东西，挖点野菜，摘摘野果，拾拾柴火什么的烧饭取暖用，每天晚上天黑了你姥姥就偷偷带着我和你大舅，我们俩每人背个小箩筐捡柴火，每次我晚上做这个事儿的时候还挺开心的。那时候，你知道煤不多嘛，冬天都是烧炉子取暖，咱家那个小破炉子，又怕煤气中毒，火烧得挺小的，烧个炉子，就跟没烧一样，屋子里，冷冰冰的，冻得人哆哆嗦嗦的，我冻得不行了，就去往炉子边凑，拨一拨火，添点干柴，烤烤手脚什么的。

2.描述一件印象深刻的因社会大环境改变而发生转折的家庭或个人事件。

问题1：妈妈，那有没有什么印象深刻的，因社会大变革而影响到你家庭或者个人的事情呀？

答：你这一提应该指的就是改革开放吧，印象深刻啊，当时一改革开放，你姥爷就出去找活去了。

你知道的，你姥爷，年轻的时候得过肺结核，那个年代得那个病的一般人不敢嫁给他，你姥姥娘没得早，没人照顾，当时就稀里糊涂地嫁给你姥爷了，当时都是给生产大队做活拿工分的，你姥爷身体不好，拿不了几个工分，家里情况就一直不太好。

你姥爷以前念过书的，人很聪明，改革开放之后，就买回家一大堆书，在家自学研究，再后来就去建筑上包工干活了，村里村外，那几个大的建筑，还有楼啊什么的，都是你姥爷带人干的，慢慢地名声就起来了，是十里八乡的名人。

问题2：哇噻，姥爷这么厉害呀！

答：那可不，20世纪80年代刚出头，改革开放才不久，你姥爷就挣钱买了村里的第一台大彩电，那东西可不好买，当时托人去北京买的呢。

问题3：我看写以前的书都说，村里第一个买电视的，村里人晚上都会跑去这家看电视，是吗？

答：对啊，当时村里人都来看，院子里人坐得满满的都坐不下，我那时候小，就手里抓着一堆小马扎帮着你姥姥给他们发马扎。

（妈妈一边说着，一边陷入了对过去的回忆，妈妈一直都对姥爷都充满敬意。虽然我小时候她偷偷告诉过我，她和大舅小时候都很怕姥爷，因为姥爷很严肃，整天板着一张脸，大冬天的时候，只要姥爷坐在屋子里，她和大舅宁愿坐在院子里挨冻，也不敢进屋和姥爷挨着。）

3.个人成长过程中最值得骄傲或者自豪的一件事

问题：妈妈，那你做过的最骄傲的事情是什么？（妈妈看向我，我仿佛感知到了什么）不许说培养了我这样一个人见人爱花见花开的大宝贝，这属于作弊，换个别的。

答：（妈妈一边笑着一边仰着头回忆）我这辈子其实没有做过什么特别重大的事情，当年我没怎么做过农活，那时候家里条件好起来了，你姥爷不让我们干，就是让我们学习就行，别的也没怎么管过我们，我就比较听话，一直学习，考了全乡前几名，没见过你姥爷那么开心过，最后从村子里考学出来了，毕业后就分配到现在的单位工作了。

2005年、2006年股市是牛市的时候，啥也不懂就跟着论坛里的高人走，碰巧小赚了一笔，后来就在二线城市买了一套小房子，把你户口迁过来，算是为了你将来打个好的基础吧，这些年就这样平平淡淡地过来了，混得吧，不算好也不算坏，最骄傲的事情，可能就是把你户口迁到大城市里吧，以后你再努努力让你的孩子就可以享受更好的教育资源。可能从你姥爷和我加上你，咱们三代人的努力，未来会越来越好吧。

访谈十三

受访者简介

祖父，75岁，出生在江苏省淮安市周边的一个农村，读过四年书，三年小学和一年初中。担任过生产队会计、村委会主任、培养了四弟、五弟和我父亲、二姑四个师范生。晚年来到县城生活。

父亲，1974年出生，大专学历，毕业后成为一名镇中学英语教师，后考入县城一所高中任教至今，凭借自己努力，带着家人来到县城安家落户。

对祖父的访谈

1.在过去的年代里印象最深刻的艰难事件

问题：爷爷，咱们家里出现的令您印象深刻的艰难事件是什么呀？

答：困难的事情，那就太多喽！印象最深的那就是……1968年，当时我才24岁，今年我已经75了。那一年我的家庭人口多少呢？那就是你老太两个。我本身是弟兄五个，加上你两个姑奶奶，我们就是姊妹七个。当时呢，你的大爷爷，二爷爷，包括我都结婚了。68年正是困难时候，家庭遭遇比较大。

一个就是你大奶奶生病，结核病，你二爷爷也是这个肺结核病，你奶奶也就是我的妻子也生病，是妇科病。看病需要钱，国家也没有补助，就凭自己一点点挣钱去治病。没钱怎么治？家庭困难啊，那么多人口，在生产队里面挣工分，一年的分红也就一百多块钱。挣工分的每天劳动所得也就几毛钱。那个时候我还可以，我就干个小队会计了，这已经算可以啦。这反正就是，没办法治了啊，那一年，三个人都死掉了。（爷爷开始哽咽）

当年，你的大爷爷在村里干民兵营长，我当时是生产队会计。那年以后呢，就开始组合家庭。年代不同，那个时候就是很困难了，你有力无处使，为什么呢？你那个时候什么都做不了，打工也打不了，只能种田。我们家庭后来也算可以的了，但是人口也特别多，一大屋子的人挤在一起。所以后来又陆陆续续出去租房子住。又过了两年，这个经济环境才慢慢地好转过来了。

到了1972年，我就当了村委主任。然后你二姑是1971年出生的，你爸爸是1974年出生的，那个时候号召计划生育，我们也就不再生了，后来我们的家庭情况就慢慢变好，我们的心情也好了。

2.人生最值得骄傲或自豪的一件事情

问题：那爷爷您觉得您的经历中最值得骄傲的事情是什么？

答：最值得骄傲的事情，就是我到社会上以后，你的四爷爷，是我培养的，你小爷爷，是我培养的。当时你的老太，身体相当虚弱，像我一样气管炎，他67岁就去世了，四十多岁就什么事都不能干了，连在家烧锅煮饭都不行。

当时我自己念书没有念下去，只念了四年，家里实在没钱，就只好算了。但是我想啊，非常想念书，每天回家以后我都往中学看，但是家庭困难啊，60年代的时候没得吃，铲巴根草都铲不到。那个时候连穿的都没有，国家发布票，一个人三尺三，三尺三的布票是什么概念啊，能做什么，做裤头都做不了。（我们不禁大笑）怎么能不困难呢？我那个时候就算可以的啦，用大布染一染做裤子，没有办法哦。你看我们家那个时候多少人，一大家子的人，就我和你奶奶两个人挣工分。

那个时候没有别的出路，只有念书，无论如何得供他们念书，你看，你四爷爷是淮安师范毕业的，你五爷爷也是淮安师范毕业的，你爸爸是盐城师范毕业的。所以我当时还是有一点功劳的。有了文化就不同了，你看我们一家就算有文化的家庭了，你四爷爷、五爷爷、你爸爸、你二姑、你妈妈全都是教师，我们一家办个中学都能办起来。（我们又忍不住笑）那是帅得很的啊！再说我们家政治情况吧，你四爷爷、四奶奶、你爸爸和我都是党员，光党员就这么多，所以我是很骄傲的嘛。

现在再说我们家的生活条件，你现在也是大学生，你的上一辈也有几个大学生，出去人家都说，你家这么多大学生啊，真的可以。这也和社会条件有关系啊，我们当年是想念念不上去啊！不是我吹牛，凭我们家这个智力条件，如果经济允许能念下去的话，包括我在内，都会是大学生。当时我念书的时候，像玩似的，就是懂嘛，别人数学不懂，我懂。在旁边听一听都能听得懂，我一开始的时候没有书。我第一年去念书的时候半学期连书都没有，人家不肯让我去的，又没报名又没有钱。半学期念完以后老师说你进来吧，我就进了教室和别人坐在一起。那个时候学生少啊，一年级到四年级都坐在一个教室里面，一个老师教，上哪个年级的课哪个年级的学生就听着。当时我可以说，我从一年级到四年级的知识我都懂。人家上三年级数学，几加几，几乘几，其他小孩子头伸着看，我伸着手说我会，老师说你别说话，不该你答。（我们笑）

对父亲的访谈

1.经历过的印象深刻的艰难事件

问题1：老爸，现在开始我们的第一个问题，家庭中发生的令您印象深刻的艰难事件是什么？

答：最艰难的事情啊，这个不同时间段会有不同的事情。一个呢是在2003年开始，当时突然一下发觉女儿要上学了，所以人生需要转变了。当时就觉得，不能在这个小镇上待着了，当时也没有更大的远见，就觉得县城挺好的，所以就想着要到县里去。2004—2005年这两年就一直在考，因为转进城要考试的。然后在2005年的时候，有了这样一个机会可以进县城的一所重点中学，现在讲起来比较轻松，但是当时考得还是很艰难的。就是一次一次地往城里跑，一次一次地考试，一次次被刷下来，就要再去考。

问题2：为什么被刷下来？

答：可能是自己能力还不够吧。当时的操作流程也不是很透明。时代不同了，你看现在就比以前在这方面要好多了。尽管一次次被刷下来，也并没有气馁，坚持就会带来机会，最后一次，原本招在我上面的那个人因为一些事情没有去，就向下招到了我。

当时去盱中的时候呢，是上午发来的通知，让我下午就进城，然后第二天就开始上课，时间很紧迫。我就在当天下午，在外面临时租了个屋子，买了个小竹床，有个可以睡觉的地方。然后安顿下来了，就开始考虑带你来上学，过了一个月左右吧，就把你带到县城来了，我们也换了一个离你学校近的地方重新租了一个房子。

第二件事情呢，也就是在2005—2006年的时候，你爷爷心肌梗塞，你也是在那个时候来到县城上学的。当时我就感觉到了那种上有老下有小的中年危机，其实当时也还没到中年，也就三十来岁的样子。虽然之前已经做了许多自己认为很大的决定，但是到你爷爷生病的时候，还是觉得确实是很难的。当时呢，你爷爷也比较害怕，我还是比较果断的，就是说，不要怕，不管多少钱，肯定都会拿了给你去治疗这个病。后来就是动手术给做了个支架，手术以后直到现在，你爷爷自己也保养得非常好，所以他的状态跟以前比也是越来越好的。

　　还有件事你应该记得很清楚，就是你奶奶生病，那个时候你是在上六年级。2012年的"五一"过后，我带着你奶奶去南京做放疗和化疗。你奶奶的那次生病，让我感觉对一个人的责任意识更深了，就是在面对一个事情的时候，到底该怎么办以及在平时各方面做事的时候，需要更多的担当与责任。那个时候对我来说，应该是人生中很难的一个阶段，也是变化最大的时候。所以从那以后呢，很多事情就是觉得，该担当一定要担当，第二个就是感觉到要尽可能地把家里的事情处理好。总之呢，经历事情，才有成长。

2.印象深刻的因社会大环境改变而发生转折的家庭或个人事件
　　问题：好的，那我们继续第二个问题。令你印象深刻的社会事件是什么？

　　如果说近期印象比较深的社会事件，就是习近平总书记上台以后，对人的思维和对待事情看法的影响。几年下来以后，社会上的发展整体上让大家感到更透明、更阳光，权力的阴暗面是藏不住的，好多人滥用权力以后就会受到处罚。变得更加规范了，让暗箱操作的机会更少了，这个也是社会的一个进步，对大家来说都是一个好的方向，就是踏踏实实做事的人，总归还是会做出贡献的。一方面呢，就是你只要不懒，只要努力，还是会有机会挣到钱的。另一方面呢，对于那些老弱病残，实在没有劳动能力的，国家对他们的照顾这几年做得也是不错的，精准扶贫，社会保障越来越好。所以说，社会是变得越来越清明了，苍蝇老虎一起打也使得官官相护、贪污受贿越来越少。这是印象比较深的社会事件了。

3.个人成长过程中最值得骄傲或者自豪的一件事

问题：那您个人成长中最值得骄傲的事件又是什么呢？

答：首先是我的个人求学经历吧。在我们那个年代，能考上一个学校还是不容易的，一个村子里面也就只能出个位数吧。就是像高中考上大学啊，初中考上师范啊这种，都是很难的事情。有的人就是学着学着就不想学啦，然后就不学了，其实大家都会有这样的想法，但是呢，我还是要继续学下去。在这个过程中可能有什么人或者什么事影响你了，但是我觉得更多的还是自己的内驱力在驱使着自己要向上走。

在中学的时候，我和室友都是争着、比着学习，早晨早早地悄悄起床然后去学习，都是争先恐后的感觉。还有就是冬天的清早我都会坚持跑步。上了大学以后呢，因为当时学的是英语专业嘛，学语言的人都是非常忙，还是挺累的。每天都要拎着一个录音机，天天听、天天听，如果有一小段时间不听，忽然之间就赶不上了。所以说，在求学过程中，自己还是做了一些令自己印象深刻的事情，当然都是积极向上的事情。

然后就想说我的工作经历。就是要尽力把自己的工作做好嘛，自己也做出不少令自己很骄傲的事情。当时到了盱中以后，我连续当了七年班主任，连续留教高三，每一年都拿到了优秀班主任的表彰。当时有人不服气，但是主流上还是承认的，因为我在很多方面做得很好嘛。就有人要求改制度，认为是制度不合理所以我才拿到的表彰，你可以改不同的制度，但是只要我尽力把事情做好，这跟制度还是没有太大关系的。我当年带普通班的英语课，每次考试除了实验班，我们班基本都是第一，甚至有一次平均分比实验班还要高。

然后就是为什么要转到城里，因为要带我们家闺女来上学，这个决定是我觉得一生中最值得骄傲的决定，这个决定做对了。当然也有点点遗憾，就是在你上初中以前，我是不是应该继续向外走，离开盱中，去到南京或者是苏锡常那边，把你带去更大的城市去读书，是不是你现在就能有更大的成就？这些都不得而知了。但是说到底，无论在哪里呢，最终都要靠闺女自己。

所以呢，人生最值得骄傲的一个决定，就是把我家女儿接过来读书，这样我才可以陪伴女儿三年（我的高中和爸爸是同一个学校），每天陪你一起学习、一起成长，每天都可以交流沟通，让我们的父女关系这么融洽。

访谈十四

受访者简介

外公，1947 年出生，陕西省汉中市洋县乡下长大，地主成分，结婚时做"倒插门女婿"迁到了贯溪镇。1966 年初中毕业，正值"文化大革命"属于老三届，1967—1968 年随校到外地串联宣传革命，毕业后回家参加劳动，当农民至今。其间，到外地打过工（在新疆打过 2 年工，在武汉、上海、兰州等地卖过菜）。

母亲，1974 年出生，洋县贯溪镇乡下长大。后到西安上大专，毕业后做过文员，在报社、医疗器械公司做过销售，后遇到父亲，两人穿梭全国多城市做销售。2000 年左右和父亲经营自来水器械设备公司至今。

对外祖父的访谈

1.在过去的年代里印象最深刻的艰难事件

问题 1：在您从小到大的生活中有没有什么让您印象深刻、非常艰难的事情？

答：艰难的事，那就是在 1958 年，我是 47 年的，那时候 11 岁。农村，那时候叫生产队，一个生产队在一起吃食堂，吃大锅饭，集体出工、集体劳动。那时候科技也不发达，农药、化肥也都基本没有，粮食产量很低。尤其是在 1960—1964 年，那几年是最困难的，每天吃的没有现在的一半多，生活和现在比起来也是天上和地下。一直到 1978 年分配到家庭（家庭联产责任承包）以后才好了。之前的时候大家生活都很难，吃糖要糖票，买布要布票，买粮要粮票，这种票、那种票的，物资实在紧张，供不应求啊！生活真的艰苦得很。

问题 2：您是说这种情况直到 1978 年才好是吗？

答：对，改革开放以后才好了。包产到户，联产承包以后，还是那么多劳动力，但效率好得多，慢慢地生活也就越来越好了。

问题3：您还能回忆起那段时间一些具体的事情吗？

答：20世纪60年代的时候，家里没有柴火，我和我哥哥两人要拿上担子和镰刀去山里砍柴，去的时候要带干粮。就是把红薯在锅里蒸熟，去的时候带上，一般要拿三四个红薯，有时没有那么多，一天就只能拿一两个红薯。砍完柴再挑回来，我们那里，从磨子桥到南山还算近，但每一次上午去晚上天黑的时候才能回来。

家里平时要用钱，买油、买盐、买火柴都要钱。担柴回来，第二天把柴火担到县城去卖柴火，一担柴火卖5角钱，两天就挣5角钱，那时候一盒火柴2分钱，一斤醋3分钱，一个馒头5分钱，你算一下，两天5毛钱，买十个馒头就花光了。

那时候和现在相比，实在艰苦得很。粮食紧缺，一方面是粮食产量低，另一方面是要给国家交粮。比如说市场上一斤粮食5毛钱的话，那卖给国家就是一斤2毛钱。

问题4：就是说当时可以把粮食卖给国家也可以卖到市场上吗？

答：就是卖给国家，那时候每家有任务呢，比如说你家里有五口人，每个人要交一定的粮食，那叫作公粮。

问题5：那公粮交完剩下的是不是就可以在市场上卖了？

答：剩下的就自己吃嘛，哪有那么多粮食。还有那时候的衣服，譬如说胳膊肘那个地方、膝盖上面，还有后面屁股上都补着补丁，那时候十个人有九个人的衣服都是补补丁的，大人衣服穿完，好的地方再给小孩做衣服，大孩子穿完再给小孩子穿。我们上学那会儿，这就更早了，五几年的时候，还没塑料鞋、没有胶鞋，穿的都是用蓑草、稻草做的草鞋，一到下雨我们就经常光着脚板到学校去。你看看那红军长征的时候就穿的那种鞋。

2.描述一件印象深刻的因社会大环境改变而发生转折的家庭或个人事件

问题1：外公，有没有让您印象深刻的，因社会大环境改变而发生转折的家庭或个人事件？

答：我的父亲在十四年抗战的时候当过兵，后来还当上了连长，但是是为国民党打仗的，"文化大革命"的时候被打成右派，下放去了新疆，我也跟着去了，后来又被送了回来。我一个人生活也苦得很，吃饭吃不饱。那时我家庭成分不好，是要投票看我能不能上学，但别人都觉得我表现好，就同意我上学了。但那时候初中，天天闹革命，学校也不怎么上课。我跟着到处搞"串联"，步行去了成都，也去了西安。

问题 2：你们"串联"都干些什么啊？

答：就是响应国家号召，到处宣传革命。但实际上我们这些孩子懂个啥，也是玩为主，开阔眼界了。

3.人生最值得骄傲或者自豪的一件事

问题 1：您在成长过程中有没有什么让您感到特别自豪的一件事？

（外公陷入沉思，外婆插话：在生产队那不是？）

答：生产队那是挣工分呢，不算啥。

问题 2：可以讲讲生产队挣工分的事吗？

答：大集体的时候，集体出去劳动，每天记工分，干一天活记十分，干半天活是五分，一分就是两三毛钱。

问题 3：就是说工分可以用来换钱吗？

答：啊，那可不就是钱。那时候分缺粮户和余粮户，比如说你一家有五口人，只有一个人能劳动，再比如你干一天挣 2 毛钱，你一个月干 25 天，你一个月就挣 5 块钱，一年要是出勤 10 个月就挣 50 块钱。但是给你们家分口粮，分柴火，分红薯、土豆、玉米、小麦、油料什么的，算下来比如每个人是 15 块钱，你们一家一年下来就是 75 块钱。但你家只有一个人干活，每年生产队算钱下来，你就还欠生产队 20 块钱或者 15 块钱。工分的钱不够交粮食的钱，就叫作缺粮户。但如果家里劳动力多，干活多，工分多，最后和口粮的钱算完后还有剩余，那就是余粮户。

问题 4：那外婆说的您在生产队自豪的事是什么？

答：就是我基本上每年工分都是最多的这件事。要说真正自豪的事，那就是我们"老三届"1968 年回农村以后，在宣传队，我们那时候叫大队，排练节目，到处表演节目。我那时候也就十几岁，表演节目心里还高兴得很。

问题5：当时都表演些什么节目啊？

答：唱歌，跳舞。跳藏族舞、新疆舞，说快板，演戏。那时候的文艺节目，比如说有《红灯记》《白毛女》《大解放》《焦裕禄》《学雷锋》，响应政府的号召。

问题6：那您自豪就是每次都能表演节目？是当主演吗？

答：是的，我在我们村报节目、吹笛子、拉二胡、演戏，各方面都有我。但其实现在想想也没什么可自豪的。那时候是阶级斗争严（重）得很，地主、贫农、富农、中农，我们是最不好的，家庭是地主成分。后来"文化大革命"以后也没高考。

我们是1968年回家的，还有比我们低一届的，百分之八十的人都出去了。今年五月份，老同学一起吃饭，还听说我们一个老同学，毕业以后在汉中一个厂工作，后来又转行搞建筑了。你记不记得在咱们那个公路边上有个桥，桥上有个朱鹮，那就是当年人家给设计装修的。他还在好多别的地方搞建筑。

我们老三届有当工人的，还有在县上公司、在粮站当主任的，还有搞艺术的，还有好多人当了教师，好多人当了兵，其中有一个当了空军。就是我们政治条件不好的都留在了农村。我想想，那是在六几年，上海那边的人来我们村征兵，很看好我的，我也很激动，心热了好多天。但最后因为我们家庭成分不好，不能当兵。那时候一大家子人条件都不好，我的舅舅家、姑姑家，都是地主成分，也都没办法，都只能在家里待着，出不去，当农民了。

对母亲的访谈

1.经历过的印象深刻的艰难事件

问题：在您从小到大的生活中有没有什么让您印象深刻、非常艰难的事情？

答：最早有印象的艰难的事是上小学五年级时，那时候我的父亲在新疆打了几年工，当时家里我爷爷（实际上是母亲的外爷）还活着，我的两个弟弟也都年纪还小。我上学回家要做饭洗衣服，放假周末也要和妈妈在地里干活。

收西瓜的时候，你两个舅舅拿一个蛇皮袋两头扎紧，一边里面吊一个西瓜，从坡上扛下来。我和我母亲两人拿担子挑，我们两个人每次都挑的少，所以挑的趟数也就多。但其实我也没有觉得很艰难、很苦，因为大家都是这样。我反而是挺心疼我妈妈的，一个人去卖菜晚上才回来。尤其是大冬天去卖菜，天那么冷，大白菜啥的拉一车，早上走了晚上才回来，每天都要赶集。

我印象挺深的事儿还是因为我给远在新疆的父亲写过信。我记得那是小学五年级，那时没有六年级。毕业的时候，考的分数挺高的，数学满分，语文差一分，附加题也都做了，考到洋县一中了，我给父亲写信报喜。我还记得冬天过年父亲回来后，给我买了一身新衣服和一双人造革的单皮鞋，天蓝色的。当时霜多厚，零下几度，我跟着大人去走亲戚，就穿着那双单鞋。去我大姑家，脚都冻僵了，还在院子里走来走去，心里感觉好高兴。

但要说我真正觉得特别艰难的就是刚结婚时。当时你爸爸还在设备公司上班，经常要到外地出差，去给调设备、看场地、指导安装、做售后，一有合同说走就走。那时只要他夹个包三点左右回来我就知道他又要出差，也拦不住，也不能拦。那阵你还刚出生，我一个人带着孩子自己买菜做饭，是真的难。

2.印象深刻的因社会大环境改变而发生转折的家庭或个人事件

问题1: 在您的印象里有没有让您印象深刻的,因社会大环境改变,发生转折的家庭或个人事件?

答：要说转折的话，那就是我们后来自己做生意了。之前刚开始大家都在那些厂里上班做销售，推销自来水设备，卖到像自来水公司这样的部门。老去山西等外地供设备，经常被厂里派出去调试安装，一来二去，和那些人也熟了。一次厂里拉了两车货，我们好不容易卖出去了，结果那个厂子做的东西不好，质量不过关，客户用了就发生事故漏水。

拉回厂费用太高，我们就租了一个小库房，在库房自己重新加工那批管件。厂里派来技术人员做指导，请工人来重做，我和你爸爸两个人也经常亲自上手。没有周末，加班加点，下雨也搭着棚子干。后来补好了，我们又重新销售那批设备，开始我们卖的比市场价低，吸引顾客，我们服务也好，也勤奋，别人要啥我们就叫三轮车给送上门，后来也再没有出现过安全问题。

从那时起我们开始自立门户，我们不敢再用这个厂的东西，这个厂后来也倒闭了，我们就自己联系厂家，之前正好在外地跑业务也建立了人脉，也了解了各个厂的情况，就重新联系厂家，开始正式合作。后来慢慢也就越来越好，有了自己的门店，客户越来越多，批发的零售的都有。之前在厂里打工做销售是厂家选我们，现在是我们选厂家。

问题2：那段时间周围自己单干的人多吗？

答：挺多的，像自来水公司的好多职工，也都自己单干了。人家本来在自来水公司一直干，懂行。我们刚开始不懂，后来慢慢的，我们比他们做得还好了。

问题3：那是什么时候？

答：2000年左右。

问题4：那段时间社会上变化大吗？整个西安有变化吗？

答：挺大的，自来水公司那里的房子慢慢拆光了，建了现在的环城公园，原来老旧的房子也都开始拆迁了。西安到处都开始翻新改造，城中村什么的也就是那时候开始拆的。对，原来咱们住的小区旁边还有一排旧房子，早上经常卖早点，我也不记得什么时候，也都拆了，都盖了新楼。

3.个人成长过程中最值得骄傲或者自豪的一件事

问题1：您在成长过程中有没有什么让您感到特别自豪的一件事？

答：之前我上学的时候，八几年，当时家庭条件都不太好，一起上学的人越来越少，都上着上着不上了，我还一直上完高中、参加高考。那阵子消息不灵通，出去上学的人也不多，哪像现在。当时我们也啥都不懂，还是学校说你的分数是多少，谁谁谁考上了，我们连分数线是多少都不知道，到现在我都不知道当年我高考时候的分数线是多少。这也是我这辈子最遗憾的事。后来也是听一个同学说他哥在西安当老师，本来准备来上自考的那种学校，来了西安又碰见老乡，经介绍最终上了后来的大学，是那种民营的、大专性质的。好的一点就是我的父母挺支持我的。

我的两个弟弟初中上完都不上学了，因为他俩不愿意上了，但是我一直还想上，因为我觉得我有那个能力，我也愿意学，所以再艰难我的父母也支持我上。上完大学以后，我自己没觉得有什么，因为我自己觉得我上的学校不好，努力了也没有什么好的结果。但是我的父母觉得我在西安上学了，他们感觉非常自豪。我一直不管是学习还是生活都很努力，踏踏实实地往前走。

后来上班，我也是兢兢业业。销售医疗器械（按摩仪、针灸仪之类的）时，下雨天别人都休息，我还会继续出去到社区组织退休老人，继续给他们治疗。连续治疗有好的效果，别人买的也就多，我的业绩也就好。在上海、南京那边的时候，夏天，你要知道南方的热天真叫热，只给我提供个自行车，我就自己骑自行车走小路，中午还要赶回去自己做饭吃。到了梅雨季节床板潮得都长毛。晚上也热，就只有一个小风扇吹着，第二天一大早起来又骑上自行车跑。但那时候也没觉得很苦很累。

现在唯一遗憾的就是小地方消息闭塞。我当时学习挺好，一直学习也是很努力的，每一个阶段都在班里是数一数二的，考到洋县一中，洋县一中现在在我们那里还是最好的学校。但是上的大学不是什么正规大学，不过我也一直好好学习，上课考试也都认真对待。要是能像现在一样，我说不定还能上个好学校、好专业呢。肯定自身会比现在更好一些。

问题 2：那您有没有什么尊敬的人，对自己影响很大的人？

答：尊敬的人就是我爷爷吧（实际上是母亲的外公）。用他自己的话说，他 16 岁就参军了，那阵子是国民党的兵，在西安这边一直做到连长，也算是带兵打仗的。他说他小的时候那阵子都读私塾，他们家条件还好，但他却没读私塾，16 岁就走了去当兵。但是当了兵以后感觉自己的知识水平有限，就开始自学，每天晚上熄灯后还自己偷偷地看书学习。

我从小心里也是受他的影响，学习很用功。而且从小喜欢看书可能也跟他有关系，那阵子图书也没有那么多，就是看报纸啊杂志呀，他看过的我在家都看。我上小学认字以后就是见啥书都看。

尊敬还有因为他本人见多识广，村里别人家里一有纠纷啊，就老请他去调解。而且在上下村，我们家辈分也高，村里有啥事要组织也都请他去参与，所以当时大家都挺尊敬他的。

问题3：我记得之前听您说，您的爷爷原来还骑自行车卖瓜子是吗？

答：对，他原来老是骑自行车做些小生意，到处赶集，还放电影给那些小孩看，卖些糖果、气球、瓜子之类的。那都是他60岁以后了。

访谈十五

受访者简介

祖母，新中国刚刚成立时出生在山西省晋城市陵川县的一个小农村，小学之后开始帮家里做农活儿，20岁嫁给爷爷。经历过人民公社、"文化大革命"、改革开放，是村里最早知道可以上山采药卖钱的人。

父亲，出生在山西省晋城市陵川县的一个小农村，初中毕业后跟随自己的父亲赚钱，成年后到工地打零工出苦力，奔波十几载，攒下一点钱，再加上爷爷给的钱，在村子里修了新房子。因教育扶贫和高校专项计划等政策，儿子进入西安交通大学读书。

对祖母的访谈

1.在过去的年代里印象中最深刻的艰难的事情

问题：在您长大的家庭有出现过什么令您印象深刻的艰难事件吗？

答：说到我长大的那个家庭让我印象深刻的事件，我现在能想到的就是人民公社运动了。具体是哪一年我也记不清了，不过那会，我应该才不到10岁，也开始记事了，好多的场景我现在还有很深刻的印象。

当时我在村子里读小学，那天上课的时候老师说，"要走集体了"。当时我也没啥概念，更不知道走集体是要干啥，其实我还挺好奇的。

吃过晚饭，也就是喝了一点儿粥，根本没怎么吃饱，在村长的要求下我跟我父母一块去开大会。因为那时候快农忙了，大家白天都忙着秋收，大会就只能放在晚上开。在路上碰到好多村民，我们那个村子小，大部分人都是认识的，都从四面八方往会场赶。还没走到会场，就听到锣鼓喧天，有喊口号的，有敲锣打鼓的，感觉比过年还要热闹。

当时天已经很晚了，会场就挑着3盏煤油灯照明，当时没人用得起蜡烛，基本上都是煤油灯。会场一圈插满了红旗，还有标语，村里读过书的人不多，也没几个人识字，我模模糊糊地还能看懂几句标语。主席台上放着厚厚的一沓纸，我也是后来才知道这是大家争先恐后要求入社的。当时，村里的人都到场了，黑压压的一片围着主席台。就这么吵闹了一两个小时后，我隐约听到有人喊什么合作社正式成立，顿时，人群像炸开了锅一般，喊口号的、鼓掌的，锣鼓齐鸣。我们这里算是一个小社，归县里一个大社管。

在人民公社成立之前，群众过得都比较穷，地块也挺分散的，种起地来十分不方便。甚至还有很多的家庭是缺少农业生产工具的，种地的时候就这家借一点工具，那家再借一点工具，非常的麻烦。后来公社建立起来以后，村里的人都开始互相帮助进行农业生产。就比如说，你家有牛，我家有犁，三五户结合起来一起使用，这在当时还是很方便的。在这之前，听说要合并成"大社"，群众都被发动起来了。乡里天天组织大家游行，喊着"跑步进入共产主义"的口号，大家都盼着能早一点跨进共产主义。

还有，我印象最深的是全村的人都在一个灶上吃饭。刚开始还只是在一起吃饭，后来就直接让各家各户的锅碗瓢盆全部交公。每天干完活，食堂已经做好饭了，直接去吃饭就好了。我家里当时一共就不到二亩地。况且那时候没有化肥啥的，粮食产量特别低，一年下来收的粮食总是不够吃的，家里算是比较穷，从小除了过节，根本吃不到白面，吃的都是一些很粗糙的粮食，就这种粮食还吃不饱肚子。而搞大食堂的时候吃得还是很不错的，有馍、有菜、有汤，也不用给钱，直接拿碗去打饭就行，比在家里吃得好多了。那时候，我妈就常说"还是共产主义好，再也不用发愁吃饭问题了"。公社成立后，还在村子里建了个小学，全社的小孩都集中在这个学校学习，全部的费用全由公社出。

不过大食堂的"好日子"时间并不太长，差不多有半年左右，后来不知道怎么回事就吃不饱饭了。几年以后食堂也就散伙了。因为吃不饱饭，群众干活也不积极了，都不愿意干活，干活也是应付时间。那会儿大家最关心的就是吃饭问题，能吃饱饭就是好日子，跟你们现在不一样了。

2.印象深刻的因社会大环境改变而发生转折的家庭或个人事件

问题：您能描述一件印象深刻的因为社会大环境改变而发生转折的家庭或个人事件吗？

答：我现在能想到的就是改革开放吧。我们那会儿哪知道啥叫改革开放，改革开放这四个字还是后来才知道的。我和你爷爷这种字都不认识几个的农民知道啥呀？再加上那时候也没有电视、网络，我和你爷爷在农村里也就是一直跟着国家的政策走，踏踏实实干自己该干的活儿，其他也就啥也不知道了。

我记得应该是在八几年的时候吧，突然村里说是要实行啥包产到户，包干到户，意思就是每家每户都按照人口数来分配田地，人多分到的田地就多。田地这东西也是有好有坏，为了公平起见，当时还专门把田地分了好几个等级，保证每家人都能分到一点优等田地和一些不太好的地。最关键的是，当时的政策是这样的，每家每户自己干自己的，每年的收成交给国家一部分，不管剩下多少，都是自己的。这个可起了大作用了，大家都抢着干活儿，跟走集体那会儿比起来，真的是大不一样。村民都特别积极，毕竟剩下的都是自己的粮食，大家干活儿的时候没有一个人拖拖拉拉的。

我和你爷爷也是这样，农忙的时候，天不亮就出去干活儿，一直干到晚上月亮都出来才回家，累是累了点，不过为了每年能多攒一点粮食，多累都值得。算上你爸爸，当时家里4个孩子呢，为了大家多一口吃食，我和你爷爷再累也没事儿。就是因为这个包产到户，家里温饱问题基本上解决了，至少不用担心吃不饱了。

再后来，村子里有一些机灵一点的村民都出去打工了。你爷爷也很机灵，在附近山上种了很多的苹果树，虽然每年照顾苹果树也要花费不少的精力，但每次苹果熟了的时候就可以把苹果摘下来拿去卖，每年也能赚一点钱补贴家用。你爷爷年轻的时候跟人学了一点儿手艺，不管怎么说，也算是一个差不多的石匠吧，刚好那会儿很多人盖房子，需要石头打地基。你爷爷也可以打石头卖钱，这可比种地赚钱。每年除了开支以外，还可以攒下来一点钱，慢慢地盖了新房子，儿子也成了家，女儿也出嫁了。生活感觉就好起来了。

3.人生最值得骄傲或者自豪的一件事

问题：您觉得您一生最值得骄傲或自豪的一件事是什么呢?

答：唉，我和你爷爷一辈子都是农民，只知道踏踏实实干好自己的活，勤勤恳恳种自己的地，几十年都只顾着在田地里忙活了，吃饱穿暖就好了，一辈子都是平平庸庸的，哪里来什么骄傲的事儿呀。

要是非得说一件骄傲的事，改革开放那会儿还真有一件事我到现在还记得，可能也不算啥，但是对我这样一个农民来说还是很值得骄傲的，你听我跟你讲啊。

改革开放以后啊，村子里的人都不只是种地，都开始想着能不能搞一点副业多赚一点钱，但是大部分都是男人干的活儿，我们这些女人除了洗衣服做饭，其他啥也干不了。后来我听说山上有很多的药材可以卖了换钱，连翘、牛津子、知了脱去的壳，这些东西都是可以入药的，还挺值钱的。我们女人干出力气的活儿不行，去山上采些药材啥的，男人可比不过我们。

再后来我联系到一个人可以专门来村子里收这些药材啥的，我们只要从山上摘下来就能卖钱。我第一时间把这消息通知给了大家，有钱一起赚嘛。然后每年山上有这些药材的时候，村子里的人都可以赚点钱补贴家用。你可别小看这些药材，后来越卖越值钱，甚至有些男人在夏天就放弃去工地干活，直接跟着我们妇女去山上摘药材。我觉得大家都或多或少地获得了一点利益，这也算是我为大家出的赚钱的方法，有钱一起赚!

辛辛苦苦一辈子，说起来好像也就只有这件事值得我骄傲。不管怎么说，也算是在为村子里的人谋利益啦。

对父亲的访谈

1.经历过的印象深刻的艰难事件

问题：原生家庭有过什么让您印象深刻的艰难事件吗？

答：特别艰难的事件好像也没有什么吧，不过又好像我从小到大一直都挺艰难的，我们那个年代的农村孩子应该大部分都是这样，小时候发愁吃不饱饭，长大了又得出去累死累活得打工赚钱，再到我们现在这个年纪，还得赚钱养家，操心家里的零碎琐事，照顾你和你妹妹。

我小时候啊，家里条件差，你爷爷奶奶也就是仅仅靠种地养活一家人，勉强解决温饱问题。那时候也没有计划生育，每个家庭孩子都特别的多，少则三四个孩子，多的甚至有七八个孩子，这么多张嘴，都是要吃饭的啊。可地里能打下来的粮食是固定的，吃不饱饭算是很普遍的一件事了。

每次吃饭也就那么几种粮食，做来做去也就那么几个花样，还吃不饱，哪像你们现在条件这么好啊。我和你妈那辈人小时候都挨过饿，过年的时候，大年三十晚上吃完饭，坐在炕上还能嚼很多干馍馍。我记得我七八岁的时候村里修了一个粉条厂，粉条刚做好的时候都是软的，直接可以吃的那种。每次粉条做好的时候，我和小伙伴都缠着做粉条的师傅要粉条吃。就拿一根小棍，挑着一点刚做好的粉条，我们都吃得特别香。至于穿衣啥的就没有什么讲究，反正冻不着就行了。

再后来我没考上高中，就辍学回家跟着你爷爷做工赚钱，那会我才十几岁，每天天不亮就要去干活，除了中午吃饭就没有休息了，一直干到晚上。刚开始我吃不了做工的苦，吵着闹着不想干。跟着你爷爷干活的时候好歹你爷爷能照顾我一点，可我总不能一直跟着你爷爷赚钱。后来我二十几岁的时候，就和几个同龄人跟着一个工程队去打工，那会我才知道生活究竟有多难。都是一些苦力活，出死力气的活都是这样，干得好了啥事没有，干不好就会挨工头的骂。完事儿每个月底老板还会克扣工资，就比如说你一个月本来干了二十五个工时，老板非得找借口说其中有几天下了半天的雨，只能算半个工时，这样克扣下来最后也就是二十二天的工资，剩下的三天就算白干了。不仅如此，跟着工程队干活也不是一个长久的事，工程一结束，你就等于失业了，长一点的能干半年一年，短的也就几个月就完工了，完事儿还得接着找赚钱的活，想攒下点钱是真的不容易啊。

我年轻的时候帮别人砌过墙，还跟着你爷爷学了石匠，还去河南运过苹果，干过的活儿也是五花八门的，可是却没有一个事是长久的。生活是真的不容易啊。你们现在的孩子，从小不愁吃不愁喝，读书也不发愁。我像你这么大的时候，已经开始打工赚钱了。你现在只用想着好好把书读好，以后我跟你妈也就能替你少操点心了。你们生在好时代了，我们羡慕你们呀！

2.印象深刻的因社会大环境改变而发生转折的家庭或个人事件

问题：您能描述一件印象深刻的因为社会大环境改变而发生转折的家庭或个人事件吗？

答：说到社会大环境改变，最近几年不是正在搞精准扶贫工作，全民奔小康。党的政策好啊，这精准扶贫工作做得真得太到位了，挨家挨户评定精准扶贫户，还专门有一对一的脱贫工作者帮助脱贫。逢年过节，还会有人上门慰问。你奶奶还评了一个低保，每年都能领好几千块钱呢，我这赡养老人的责任也能稍微轻松一点了。人到中年以后，整个家庭都需要我去照顾，压力一直都挺大的。幸亏国家政策好，社会保障工作做得相当的全面，这也给我减轻了不少压力呀。

最关键的，还是你考大学这个事儿。我原来一直以为扶贫工作只有生活扶贫呢，你高三那会儿我才知道还有教育扶贫，有专门针对农村的高校专项计划，你高考的成绩不是跟西安交大差十几分嘛，多亏了高校专项计划的加分你才进了西安交大这么好的大学。真的应该感激国家的政策好啊。你在大学里好好学习，毕业后再找个好工作，我和你妈也就放心了。

这不，全面小康也已经实现了，以后在党的领导下，国家肯定越来越好，我现在就是踏踏实实干好自己的事儿，静静地看着"中国梦"一步一步地实现。

3.人生最值得骄傲或者自豪的一件事

问题：您觉得在个人成长过程中最值得骄傲或自豪的一件事是什么呢？

答：我这一辈子平平淡淡的，也没啥文化，只求踏踏实实地赚钱养家，半辈子都在为生活奔波，哪来什么值得骄傲的事。一定要说的话，那也就是你考上西安交大这件事了。

你可算是咱这个大家族第一个考上一本大学的人了，还是985高校，这算是一个令我骄傲的事儿。别说咱这个大家庭，就是在咱这个小县城里，能考上西安交大也算是很厉害的一件事了。去年你拿到录取通知书，我和你妈真替你高兴。

其实，在我这个年龄我想有啥成就也基本上是不可能了，也就只能盼孩子，盼着你和你妹妹有出息呢。从小我对你要求就高，一直盼着你好好读书。你也知道，我初中就辍学了，所以把读书看得特别重要，我是来不及了，也就只能看着你和你妹妹好好读书了。你考上大学，我也算是弥补了我当年的遗憾吧。

现在你大二，你妹妹也高二了，你妹妹的成绩也还行，我现在就盼着你妹妹再考个大学。咱家也就算是俩大学生了。现在这社会对教育看得太重要了，多少人愁着自己的孩子考不上大学。你和你妹妹真的让我省心，成绩一直都可以。等啥时候咱家变成两个大学生了，我肯定睡觉都能笑醒。你在大学也不要放松，踏踏实实得学，给爸爸争点气。

访谈十六

受访者简介

祖母，河南省禹州市王家村人，没有学历，但也认识些日常所用的文字，因不满意婆婆的无理取闹在那个时代毅然选择离婚。再婚后生育四个孩子，喜欢豫剧，并独自养育第三代人，现独居在老家。

父亲，河南省禹州市胡家村人，因个人原因未参加高考，之后参军分配到新疆省阿克苏市，在部队念了军校，学历本科，二十多年的武警生涯，从一名列兵到少校，是一个能把所有细腻感情藏在心底的硬汉。

母亲，小学学历，随军，私企销售员，是一个典型的温柔美丽、富有感情和爱意的女人。

大伯，家中的长子，小学学历，跟随其父学习修理电机，后至阿克苏市从事汽车维修的个体经营，和弟弟彼此依靠，共同打拼。

对祖母的访谈

1.在过去的年代里印象中最深刻的艰难的事情

问题1：您觉得最艰难的是什么时候？

答：最难的时候有很多，但我忘不了年轻的时候带着这一群孩子穿梭在舞台上的每一刻，我在台上唱戏，他们就在台下看或者在后台玩，我没有时间在家里照顾他们，于是时时刻刻都带着他们，有时候老二（我爸爸）调皮捣蛋闯了祸，我还要腾出时间去给他解决，事后我还要教育他们。小时候你爸爸可皮了，怎么打都不听话。家里的小孩太多，你爷爷也忙着顶起来这个家，我呀就只能这么撑着。

问题2：那您从什么时候起就不唱戏了呢？我好像从来没有见过您在舞台上的样子？

答：也许是你爷爷去世的时候吧，也许也是为了更好地照顾你们吧，你们当时真的是小可怜，亮亮（我大伯的二儿子）和你都那么小，父母一个都不在身边，你好歹比你弟弟大了一岁多，他就是个奶娃娃，吃奶的年纪离开了父母，唉。

2.人生最值得骄傲或者自豪的一件事

问题：那您的生活有什么值得自豪的事情吗？

答：有很多啊！我带着一群孩子在剧组，最后还上了舞台唱了重要的角色白毛女，还有带出你爸爸、你伯伯，还有你们这些孩子，都值得我自豪而幸福。

补记：

从我有记忆开始身边就是我奶奶。因为父亲参军，母亲随军，自幼我便不在他们身边，转眼就是十几年时间，我和奶奶的感情最深，在我跟随父母去了新疆读书后，她彻彻底底在老家变成了一个独居老人。我想，我在新疆的日日夜夜，相隔千里的距离中，她也无数次梦见过我吧。奶奶是我人生的启明星，正是她的不断坚守为这个家庭的奉献，才能让孩子们安心在外打拼奋斗，建功立业，取得自己的成就。

在我看来，每一个成功的人背后定有一个在默默付出的人这句话没有错，只是很难想，在这个家庭无数小辈带来的压力作用在这个不再年轻的长辈身上，每一分每一秒的来自生活上的压迫让这个刚刚放弃唱戏的女人迅速衰老，年轻不复。对奶奶，我是敬佩和心疼的。无论我们走多远，回头眺望家的方向时总能看见一盏温暖的光，鼓励着我们不断向前不断拼搏奋斗，为了更好的家庭，每个人都在努力奋斗。航船回航需要灯塔的指引，我们也在这指引下每年回到出发的地方，把酒寻欢，畅聊相思，分享喜悦。

对父亲的访谈

1.经历过的印象深刻的艰难事件

问题1：为什么当初没有参加高考呀？

答：因为我的个人原因，没有去成。

问题2：什么原因，能告诉我吗？

答：不想说，就是没有去成。

（他明显不想回答我。）

问题3：那为什么紧接着又决定去参军呢？

答：当时就是很喜欢你妈妈，但是我也没有高考，也不想就那样继续种地一辈子，就想着去参军吧，做一番成就，好回来娶你妈妈。

问题4：那为什么会想去新疆呢？阿克苏离老家也太远了，来来回回多不方便。

答：当时祖国西部正在建设，我去西部也义不容辞。新疆是很远很苦，但是这一切都是值得的，值得我们去努力去奋斗，路途再遥远，心中念着的人还在原地等我，一想到这些让我努力的目标，再苦再艰难又如何？更何况现在我努力的结果是值得肯定的。去新疆也是一个正确的选择。

问题5：你的军旅生涯遇见过什么很特别的事情吗？比如艰难的时候？

答：别说你现在学习很苦很累，我什么都不懂。我当年在部队里每天挑灯夜读的时候，也不比你轻松多少。那个时候每天白天训练，晚上就熬着一个小油灯看书，还怕影响战友休息，但幸亏战友都睡得沉，什么也感受不到。（他笑出来，似乎在追忆往事）那个时候我已经很久没有学过习了，高中的时候也没有好好学习，就这样，我还是考上了军校，那个时候啊，是真的很想读书。

还有就是当初刚来队里的时候，队里都是一群小毛孩，十六十七岁那个年纪，我当时已经十九了，比起他们的身体条件差太多，很多动作很难做，但是我做得还是很好，就是那些动作，单双杠360°旋转，转体什么的。（他给我比划了几个动作）

问题6：像体操吗？

答：对对对，就是那样。当时班长喊我：胡军政！出列！给大家示范一下。我刷刷做完一套，下面都是鼓掌的声音。

2.人生最值得骄傲或者自豪的一件事

问题：那您对您所取得的成功满意吗？

答：目前很满意，妻女陪伴，生活幸福美满。尽管爸爸不能给你更好更优越的生活，但是我觉得现在的一切对你来说已经足够多了。你一直都是爸爸的骄傲，爸爸一直为你取得的成绩感到自豪。相对于从前在老家农村的生活，爸爸已经带你走出来了第一步，未来的无数步都需要你自己走，爸爸也一直相信你能做好的。

补记：

其实从小到大，因为父亲参军的原因我一直和他的沟通并不多，更甚至在一段时间内很怕他，很害怕他回家。这次和他交流的过程中，了解到他所做的每一件事情，他每一句啰嗦或发脾气，都藏着自己内心的无奈和深深的爱意，对我，对妈妈，对奶奶，对这个家庭满满的深情从未诉说。我知道父亲是一个能把所有细腻感情藏在心底的硬汉，他不会告诉我们他有多艰难，只会一味地努力着，为了他自己的目标、为了家庭不断付出。他的武警生活不仅仅只有铁血和硬汉的体力支出，更有无数个挑灯夜读，为了那仅有的几个军校名额而努力学习。真是无法想象，当初那个连高考都没有去的浑小子，会带领这样一个普普通通的家庭走出农村，走出世代农耕的命运。也许没有他，我接触不到更好的教育，现在也不会就读于交大，这就像是蝴蝶效应。

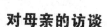

对母亲的访谈

1.经历过的印象深刻的艰难事件

问题1：听别人说是你等了我爸爸很多年？

答：没有很多年，也就七八年的样子。我在老家等了他七年，他每次回来都行色匆匆，结婚后就又走了，这一走就是很多年，我心里挂念着他，也就这么坚持着，终于后来他在部队里条件好了，在你一岁多的时候把我接走了，虽然我们很放心不下你，很想让家人团圆，但是为了更好的未来，还是狠心把你扔给了你奶奶，希望你不要把这件事放在心头。

你刚出生的时候你奶奶比我们亲，可我们对你的感情更深，多年的思念和对孩子的爱加注在你的身上，我们也很不好过。这对我来说大概就是最艰难的事情吧，始终无法团圆，爱的人不在身边，幸亏我能撑到现在。

问题2：那你有为了做一件事情很努力吗？

答：我年轻的时候，在家里等你父亲的时候，为了攒钱做缝纫，眼睛瞎过一段时间。那个时候什么也看不见，差点以为自己真的瞎了，也因为这事才让我稍微变得佛系，就是这个词吧，不再做一件事那么拼命了。

2.人生最值得骄傲或者自豪的一件事

问题：那您对于现在有什么看法吗？

答：你们都在我身边我还能有什么看法吗，真的很幸福，这样的感觉让我做什么都感觉到很快乐，幸福有时候真的很简单，至于不开心的事情就别管那么多，好好做自己该做的就好。有你，有你爸爸真的很好，我也很自豪，我有那个耐心和能力等那么多年，一直等。

补记：

在我看来，我的母亲是一个典型的传统女人，温柔美丽、富有感情和爱意，符合我心中对女性的很多描述。而她又是那么与众不同，她学历不高，对知识的渴求却丝毫不低，她对于人生有着自己另外的看法；虽感情丰富却从不会拘于感情旋涡，心里挂念多人却又从不会因为旁人而影响自己的内心。她的每一点看似平常却又处处对立充满矛盾，在我眼里她就是一个特殊的存在。

对大伯的访谈

1.经历过的印象深刻的艰难事件

问题1：在这里有什么很难的事情想让您想放弃打拼回家吗？

答：有很多，比如你哥哥、你弟弟和你都在老家，三个孩子全靠你奶奶养活，你奶奶也是一个要强的性子，有什么难处从来不说，我心里就担心啊！你奶奶不容易，好不容易把我们兄弟姊妹四个人拉扯大了，现在又一个人拉扯三个小孩。幸亏晨英（我的哥哥）大一点不用太操心，我是真的放心不下啊。也因为你爷爷走得早，走得太突然了，我对你奶奶的身体状况也格外关注，在外面的每时每刻都在提心吊胆，后来通信发达后每周定时和你奶奶电话沟通，多关心她，只要她好、家里好，我在外面就什么都顶得住。

问题2：那有没有什么具体例子？

答：记得印象最深的一次，我在新疆这边单子出了问题，电机修理出了差错，人家找上门来闹事，我当初准备给他们重新检查不收钱，结果当时老家出了点事情。家里传来消息说你晨英哥哥打架还逃学了，他一个小孩儿在外面我是真的放心不下，你奶奶又大半夜自己跑进城里找人，我那个担心呀！

当初真的想把所有事情撂摊子不干了，就想回家，就陪着你奶奶，就算干一辈子当个农民又咋样？幸亏你爸爸听说了这件事，及时安抚住我，让我把这边人家的电机问题先解决，老家的事情他想办法。

这件事当初已经解决了，但是我很难忘记当时四面楚歌的心情，虽然现在就这么讲出来似乎没什么大不了的，但当时那个情况像是把所有压力压在我身上。幸亏撑住了，才有了现在的一切。

补记：

大伯是一个老实敦厚的人，作为长子很早就跟随爷爷学习维修电机，后至阿克苏市白手起家。也正因为他在这里的不断打拼，给村子里很多户人家看到了去城市工作成功的样子，吸引更多的人前往大城市打拼。

和大伯交流的过程中，他的担心大多都是奶奶、妻子、孩子和弟弟妹妹们，对他而言生命中最珍贵的东西就是这个家庭。家里的人好，他就能有无穷的动力继续前进。在我的成长过程中他是另外一个父亲，总能及时给我送来关爱。

在我小时候，周围有很多像我这样的孩子，是由家里长辈带大的，算是留守儿童，但我从来不难过，我知道很多人在爱着我，不只在身边，更有在远方的亲人们。

访谈十七

受访者简介

外祖母，1946年生，四川省遂宁市蓬溪县文井镇人，农民，参加过夜校扫盲，年幼丧父，母亲改嫁，独自照顾两个妹妹；中年丧夫，独自带大二子二女，现居住于四川省遂宁市蓬溪县城。

母亲，1970年生，四川省遂宁市蓬溪县文井镇人，初中文化，婚后跟随长姐至新疆维吾尔自治区石河子市，任水管站工人，同时照顾农场。

对外祖母的访谈

1.在过去的年代里印象中最深刻的艰难事件

问题1：外婆好！在我们小时候，您总是在我们这些孩子懒惰的时候"唠叨"我们，总说您以前吃红薯喝稀粥过日子的话，今天我想跟您聊聊当年的事。

答：对啊！说起那些年过的日子，哪一天不艰难嘛。我在新中国成立之前就出生了，那个年代啊，家家户户没得吃没得穿，社会还动荡。

问题2：那您能不能具体地跟我讲讲您印象中最艰难的事件？

答：最艰难的那一年还是属你太外公去世的那一年，那是1958年还是1959年，现在都搞忘了。当时解放快十年了，村里面还是按照生产队来划分的，家家户户都在伙食团吃饭，队长把所有人家的锅碗瓢盆全都收走了，不能用的还都给砸了，土地都是公家的，大家一起干活儿，收的粮食大家也一起吃，连牲畜都被队长充公了。

最开始做饭做得挺丰盛，后来就渐渐米饭成了稀饭，最后碗里都见不到几粒米，一点红薯一点汤，队上的人都吃不饱但却没办法，哪儿都没粮食。人们渐渐开始到处找吃的，田里面能挖出来的都挖出来吃了，又开始在树上撕树皮，最后实在不行就抠地上的黄土吃，那哪儿是人吃的东西啊，都不消化。

你太外公，我老汉（父亲），最开始就营养不良，天天脑袋昏昏沉沉，可那时候谁都是这样，妈妈也没管，后来吃一点东西就吐出来，吐啊吐就像是要把肠子给吐出来那种阵仗，把我妈吓得不行，就四处托人给看看，来的人都叹气说"不行了，治不好啊"。没有钱、没有饭，更别提药了，后来爸爸就动弹不得了，天天在床上躺着，身上开始越来越肿，我们三个姐妹在家看到妈妈天天哭可是又没办法，最后爸爸去世的时候整条腿肿得有几圈粗。

没过多久你太外婆就改嫁了，虽然是一个生产队上的人，可是你太外婆没把我们三姐妹带走，而我是家中的老大，要照顾着两个妹妹，小时候我们三个就被生产队安排着去队上看守埋红薯的坑，可我们当时年龄小胆子也小啊，饿着肚子都不敢偷一根红薯走。就这样，你太外婆也是偶尔来看我们一下，我就带着姐妹天天帮生产队干活儿，那个年代哪来的钱读书啊，天天饭都吃不饱。我的三妹当时才六七岁，天天晚上哭着喊妈妈，只能我哄着她睡觉。到大了一点的时候，我就能帮生产队上放牛了，最后没过几年我也出嫁了。

2.描述一件印象深刻的因社会大环境改变而发生转折的家庭或个人事件

问题1: 外婆，您生活的年代经历了很多次社会变革，比如说农民包产到户、"文化大革命"等，您有没有什么印象深刻的因为这些社会环境变化而发生转折的家庭或个人事件?

答: 其实我们这些人啊，在乡下苦日子过惯了，反倒没觉得你说的那些事情对我们有多大的改变，我还是觉得当年进城突然过上好日子了让我印象深刻。

问题2: 那您具体地说说。

答: 90年代初期那段时间，正是进城浪潮，村里面逐渐开始有儿女把一家老小接进城里面去住，我也算是最开始的那一批，你幺舅在城里有了工作安顿好了，就把我也接到城里面和他们一起住。

刚开始去的时候，哪儿哪儿都不习惯，一辈子干惯了农活，突然离开了家里面那一亩三分田地感觉天天没得事情做。那时候城里发展也没现在这么好，楼房也不多，还有很多荒地，我就问你幺舅："能不能给我在房子后面弄几片田地？我天天在家也闲得很，弄点儿地来，还能少去市场买菜了。"你幺舅、幺舅娘当时就笑话我说："别人一看你就是乡下来的老婆婆，我们接你来城里是享清福的，不要再想这些了。"于是我才渐渐打消了这个念头。

还有就是没得人跟我说话，你幺舅把我接进城里面算早的，当年要得好的都还在农村，街坊邻居好多都是一直在城里居住的老太太，我一个在农村待惯了的妇女最开始也不敢跟她们打交道啊，怕城里人心眼儿坏，没有村里人那么朴实。那时候我只能天天窝在家里，出门啊还不太认路，只能在附近买点菜，你幺舅幺舅娘也在工作，家里就一台电视机陪着我，闷得我天天想回乡里面去住着，可又要给你幺舅幺舅娘做饭不能走。在城里住着没有以前乡下那种随便一吆喝都听得到，天天在家里面院子里面摆龙门阵的那种快乐。后来我那些姐妹才搬进城里面来住，才有人陪我在这城里面到处转悠。

问题3: 那您现在在城里住了很多年了，您现在看着乡下还有一些留守的老人还在劳作，您是什么想法呢？

答：觉得他们还是有点造孽。现在生活也好了，也不会像以前那样吃不饱饭了，他们在乡里面过得舒服就满足了。我是真的再也没有以前那种还想回去种地的想法了。

3.人生中最值得骄傲或自豪的一件事

问题1: 外婆，那在您人生中，有什么令您骄傲的事？

答：我一个农村妇女，也没有啥子值得骄傲的事情哦。

问题2: 那就说说这么多年有什么令您最高兴吧。

答：现在岁数大了，看到子子孙孙健康成长就高兴，不求多富贵，只要大家过得好我就高兴。

我这辈子没读过什么书，但现在家里面都是大学生，想起这个我就高兴。从你么舅第一个有出息考上大专我就骄傲啊，其他三个姐妹早早地不读书了，干活养家供你么舅读书，你舅当年也争气把书读出来了，现在有一份体面的工作，还把我接进城里面住。

再就是孙子辈这四个，最先是你林哥高中不好好读书，眼看着都要去混社会了，全家人又打又骂才把他扳回正道上，最后考上了大学还考了公务员当警察。

第二个就是你金凤姐姐，从小被你舅舅舅妈到处甩去读书，小时候还流鼻血怎么治都治不好，弄得整个人都发育不良，看到起造孽兮兮的，最后还是考上了好大学，还去英国留学，我当年也是逢人就说我孙女出国留学了啊。

第三个嘛就是你芸芸姐姐，从小在我身边长大，乖巧聪明得很，从小就考第一，最后也考上了大学，还很孝顺，每次给她点儿零花钱都说"婆你收起来，我爸妈给我生活费够用，不用你给我拿钱啊"。

你是最小的嘛，虽然小时候在新疆长大，初中高中也有出息，一个人在外地读书，考的大学在我们家算最好的了，学校放个长一点的国庆假啊，就想到起回四川来看望外婆还有你婆。

这些儿孙啊，现在都过得很好，也有孝敬之心经常回来看我，我就很高兴，也很骄傲了。

对母亲的访谈

1.经历过的印象深刻的艰难事件

问题：妈妈，其实您和我外婆是一个性格，总是喜欢用你们小时候的苦来教育现在的我们，今天就想让您回忆回忆您印象最深刻的艰难事件。

答：妈妈最苦的时候啊是1976年，那年我五六岁的样子，那一年真的是个多灾多难的年份。才到入夏的时间，我老汉（父亲）就去世了，因为感染了肺结核。为了给老汉治病，我妈就把屋里面的几间房子都变卖了，家里只剩下一间破瓦房，我们一家六口人都住在里面，到处借钱给老汉看病，可那时候医疗水平太差了啊，连肺结核都治不好，老汉还是去世了。老汉去世后，妈妈一个人养四个孩子，我们五个人挤在一间屋子里面住，幸好当年还没有包产到户，大家都在吃生产队的粮，我们靠着妈妈劳动和国家发的救济粮勉强过日，可赶巧没过几个月你外婆腿上又害了疮走不了路，我和你大姨又要多承担很多劳力，还要照顾你外婆。

那一年不仅仅是家里面日子不好过，国家也不好过，毛泽东、周恩来、朱德三位伟人相继去世，国家领导层变动，农民的日子也不好过。不仅如此，天灾人祸总是相继而来，我记得还发生过两次地震，很多人都不会忘记那年的唐山大地震，白天大人们在田间打谷子，田里面都地动山摇，大人们赶紧回来吆喝着喊家里面的娃儿们出来，到处都在喊"地震喽！地震喽！"

晚上我们就在房子外面的坝子上打地铺睡觉，要是遇到下雨，我们几个小孩子都睡得熟，就靠和我们邻居关系好的姑姑帮妈把我们背回去。

2.描述一件印象深刻的因社会大环境改变而发生转折的家庭或个人事件

问题：妈妈，您是70年代的人，其实70年代的人也赶上了很多社会进步的大转折，同时也面临着很多机遇与挑战，您觉得哪件事情是因社会大环境的改变而使您的家庭或自己发生转变的？

答：那当然是邓小平提出改革开放后啊！我二十三岁就和你爸爸成亲了，起先还是在家中伺候老人做饭务农，那个时候改革开放还是在沿海城市火热地展开中，我们内地还没有啥子动静。

没过几年，四川城里改革开放的号角越吹越响，城镇需要建设，建设需要工人。盖房子、修路、修桥的工地上到处都是招工的老板，超市、饭店、裁缝店都越开越多，也需要人帮着干活。

村里面成年的男丁们都开始到城里去干活儿，渐渐能往家里邮一些钱回来，再过几年他们就能在城里租得起房子，能把老婆孩子给接过去了。这样留在乡下的青年们看到挣了钱也纷纷进城去，越来越多。

我们家里最先走的是你大姨一家，他们去新疆打拼，安顿好了后，又把你舅舅一家、我和你爸爸给接到新疆去，新疆那时候到处都是荒漠，满地的资源可也没人用，兵团都在搞开垦，大力种植瓜果、棉花等经济作物，你爸和我从零开始在新疆打拼，家里的生活才逐渐好起来了。

改革开放带给农村里的劳力们太多机遇，一辈子得感谢邓小平同志啊!

3.人生中最值得骄傲或自豪的一件事

问题：妈妈，那您个人成长过程中有什么值得自豪或骄傲的事情?

答：哈哈哈，我哪儿有什么自豪的事?

那我觉得就是妈妈生了你吧!你外婆打电话的时候总是说：春女子命苦啊，从小死了爹又没公公婆婆，我又要天天下地，每天就只能把你放到背篓里面背着，五六岁了我也要把你背着干活，不敢把你放下来，怕你到处跑出啥子事，后来你的腿都在篓里面坐得弯弯的，每次看到都心疼却又没奈何。

妈妈我啊，身上有很多遗憾，但都在你身上实现了。妈妈小时候吃不饱穿不暖，现在爸爸妈妈就给你创造最好的生活条件，给你做好吃的；妈妈小时候因为你外婆重男轻女没读上多少书，现在就努力支持你读书，不管你读到什么学历，爸爸妈妈都供你；妈妈小时候想要啥都得看你外婆脸色，现在妈妈就尽力满足你的需求；妈妈小时候没人跟我讲这些道理，现在妈妈都想教给你。

你是我们家族里考学考得最好的一个孩子，妈妈在家族里都有荣耀，妈妈觉得自己跟那些亲戚们吹牛都有资本。

访谈十八

受访者简介

祖父，出生于云南一个偏远的山村，务农为生，文盲。年轻时当过生产队队长，成家之后累计有过十个孩子，活下五个。由于人多地少，为解决吃饭问题长期一个人在外奔波，收入主要来源于出售农作产物。孩子长大后，长期客居昆明，靠几份薪水极低的工作自给自足，直到70岁返乡生活。

父亲，出生于云南一个偏远的山村，务农为生，文盲，青年时期四处漂泊。成家后因家里地少又连年遭灾，加上要偿还盖房借款，故携妻子外出到昆明打工。因不识字所能从事的工作也都是低薪又卖力的工作，收入勉强够家里人糊口。

对祖父的访谈

1.在过去的年代里印象中最深刻的艰难的事情

问题：想问问您家庭生活中最艰难的事件是什么？

答：1986年我从镇上收了300多斤魔芋皮，打算拿到贵州去卖。到贵州我到干菜市场租了个摊位就开始卖，每天的销量都还可以。但慢慢地摊位老板家的儿子（二十来岁的样子）盯上了我，每天就在我摊位旁边观察我。过了几天又叫了几个人来，我很快就意识到这帮人蓄意要抢我钱——就等我卖完。到了最后那天，我去摊位老板家退摊位的押金，他儿子也跟着去，进门去的时候我看见另外的那帮人也全都蹲在他家旁边。这次恐怕逃不过这一劫了。

接过钱之后，和老板道了别，刚走到门口，我突然灵机一动，便转回去和老板说，想借用一下厕所。然后我把两大包行李放在他家门边台，就去上厕所。我想的是，把行李放在那儿，他们应该不会意识到我会跑。我知道他家厕所是在围墙边上的，墙很高，但是那天我一下就爬上去，翻出了围墙。不幸的是，刚落地就被外面那帮人发觉了，我什么都没想，撒腿就拼了命地跑，他们也穷追不舍，一直追到火车站。到了站台，我立马和检票工作人员们说明了情况，让他们帮我拦一下那帮人。幸好那工作人员也是好人，就帮我拦下了。

后来想想这件事都觉得后怕，如果当时被他们得逞了，家里这些孩子不知会怎样。艰难啊！

2.印象深刻的因社会大环境改变而发生转折的家庭或个人事件

问题：能谈谈您年轻时印象深刻的社会事件吗？

答：我1966年到1982年的时候当生产队队长，挖河道，开发荒山。山上的那些山地都是我们一锄头一锄头挖出来的。那时候说是要节约，省出钱给毛主席打蒋介石，所以生活就艰苦。生产队为了维持大家的生活，必须给社员分配口粮。我们按照上级规定的数字上报产量，而生产队给社员们分配却是根据实际收到的粮食，留下所需要的种子后，才是分配给社员的数额。我这个生产队，每年分配的数量，人口平均口粮也只有310～350斤。加上当时没有进行计划生育，平均下来每家都是六七口人，所以70年代之前都是喝稀饭。

一般情况，生产队总还会分配一点别的东西，比如水果和鱼，也作价在年终扣除。当时的五口之家，实际上是"基本平衡户"，没有什么款子进；只要不出现意外，也不会是超支户。"进款户"都是"自己养自己"的单身汉，或者人口很少的人家。一对夫妻如果负担六口之家，则会是"超支户"了。超支户超支的钱必须拿现钱补上，拿不出钱来就扣押分配的粮食。因为进款户的钱，都是由超支户占据着，超支户钱不到位，进款户则无钱可进。

当时的农民只能在生产队做工，别的没有挣钱的门路，而且也不允许找挣钱的事。口粮分配本来就很少，人们常年做的都是重体力活，饭量都很大，正常汉子，每顿饭需要0.8～1斤大米，口粮买不回来就不能活命。但是，这钱从哪里来？总是把超支户们弄得焦头烂额！

那时候我们常年的经济状况都是十分拮据的，根本谈不上用什么钱。遇到至亲好友婚丧大事，也得花钱，虽然只是2元、3元，也需要千方百计才能解决。

1982年政策就变了，土地分给农民，生活也就渐渐好转，改革开放后，什么都讲个自由，才会有现在这样的社会。

3.人生最值得骄傲或者自豪的一件事

问题：您个人经历中最值得骄傲的事件是什么？

答：爷爷值得骄傲的事是这一辈子苦是很苦，但爷爷没有做过什么违背良心的事，活到现在一直都是老老实实干活儿，自己挣自己吃，也没给子女添负担。

对父亲的访谈

1.经历过的印象深刻的艰难事件

问题1：您过去经历过的最艰难的事件是什么？

答：小的时候，家里有什么？什么都没有，你奶奶一个人带着我们姊妹几个，家里什么吃的都没有，更别提穿的——十多岁都还是衣不附体。我六七岁就去帮人家放牛，放一年挣得 5 块钱，钱最后都拿给你奶奶。当时一把米可以够一家人吃一个星期，什么能吃的野菜啊，野草啊都往里面加。生活一直都很艰难。

我十二岁就没住家里了，出来一个人四处漂泊，为了混口饭吃，到处帮人家做工，打杂。慢慢地也认识了一帮朋友，一起约着四处闯荡，离家也就越来越远了。可是直到结婚前还是一分钱也没有，生活一直都很艰难。

问题 2：有了自己的家庭后最艰难的事又是什么呢？

答：2004 年，你妹妹也一岁多了。我想，长期租房子住也不是个办法，后面就决定在老家山里的一块地上盖堂瓦房。最初预算是两万元，其中包括去银行贷了一万多元，又给亲戚朋友借了一些。可是到了最后要上瓦的时候发现钱不够了，能借钱的地方也都借过了，所以我去找人要了几大张油布纸，往耳房上面一盖，用来当个临时的屋顶。又正好原来住的地方房租刚好到期，一家也就将就着住进没瓦的房子。当时正是腊月里头，虽然油布纸挡住了寒风，但是感觉很是辛酸。后来也是我到处去求人借钱才最终把瓦上上。

房子盖好之后，欠下了一屁股账——银行贷款、跟亲戚朋友借的，前前后后借了两万多元。当时家里基本上没有任何收入，本来就一小块田地，接连几年庄稼被大水冲得一点儿不剩，导致吃饭都成问题。实在没办法了我才决定去城市里打拼。

到昆明之后，做了两个月的钟点工，攒了 300 块钱买了辆脚踏三轮车。本打算用三轮车载人赚钱，可是也没什么生意。记得有一天晚上，载了两个人去××村，路程有点远，说好了 15 块钱把他们拉过去，也算是笔不小的生意。可到了那个村子的时候，那两个人总是说地点不对，然后就指着路让我把他们送到了一个偏僻的小巷子里。到了地点之后，他们下了车，其中的一个人拿了把刀来指着我说，让我把身上的钱给他们，三轮车也得留下。与此同时，我看到旁边还蹲着两个人。意识到自己碰上强盗了，于是我立马歪了下身子，避开了刀，使劲地蹬了起来。他们见状也立刻追了上来。因为巷子太窄，三轮车根本骑不快，眼看他们就要追上了。这时，我突然发现脚踏板旁边的一块小板子是活套的——可以拆卸下来。于是我就立刻纵身跳下车,抽出板子,上来一个砍一个,砍翻了两个,后面的人看到厉害也就不敢近身了,但还是指手画脚地追着。然后我就一只手拿着板子,一只手掌着三轮车骑了起来,一直骑了两三公里才把他们摆脱。

从那次之后,就再不敢出去蹬三轮载人了。我把三轮车停放到一个开自行车保管场的熟人那儿,可是没过几天就被偷了。没办法只有又去做钟点工,不久靠熟人介绍到工地干活儿。干了段时间学会了开搅拌机,就让我去开搅拌机。慢慢地也和包工头的关系处得不错,工地上有什么不要的废品都拿给我去卖,卖的钱归我。但是一个工地的活总有干完的一天,去到新的工地又要从头开始。当时一个月工资最多也就 200 块,只够交房租,吃口饭,哪有钱还账。等我稳定下来,才把你妈也带来昆明,跟我去工地干活儿。

2.人生最值得骄傲或者自豪的一件事

问题:最让您骄傲的事情是什么?

答:我年轻时候最骄傲的是跟着几个朋友出去闯荡,去了祖国的很多地方,北至内蒙古大草原,南至海南岛。让我最为震撼的是到北京天安门广场的那次,远远地看到了毛主席的画像,可是感觉走了很久都没走到城楼面前。那天,我登上了天安门城楼,看了人民英雄纪念碑,参观了天坛。

此外,北京的公交车很多,还有电车、地铁,相比当时的昆明——只有屈指可数的几路公交。因为那里的时间和老家云南差着两个多小时,饮食、语言也都不一样,让我感觉去到了一个完全不同的世界。因为自己水土不服,一直发烧,看病的钱也都是朋友们凑的,所以没住多久就离开北京了。

成家之后最骄傲的就是有了你和你妹妹,从小没给过你们什么,没有什么能教你们的,也没有陪伴你们成长,全靠你们自己努力,你们却从来没让我们操过心,什么都能自己应付。我很骄傲,却也很惭愧,实在是没有办法的事。你考上大学的那段时间,我一个人哭了好多次。我从小没读过书,几十年来吃尽了没文化的亏,看见自己的儿子考上大学,想到儿子终于不用和自己走一样的路,心里说不出的高兴。咱们祖上辈辈都是文盲，我的儿子成了我们王家第一个大学生，换作是谁不骄傲。

访谈十九

受访者简介

母亲，49岁，生于广西壮族自治区农村，兄弟姐妹六人中排行第五，小学五年级后在家务农，20世纪90年代外出务工，打零工、学缝纫、卖蔬果，结婚后卖过肠粉、开过快餐店，现为某家政公司清洁工，2015年在柳州市区购房，城市户口。

父亲，47岁，生于广西壮族自治区某农村，兄弟姐妹六人中排行第六，初中毕业后进城打工，在城里肉铺宰牛宰猪，结婚后卖过肠粉、开过快餐店，现为某服装公司送货员，因乡下有地，未迁移户口。

对母亲的访谈

1.经历过的印象深刻的艰难事件

问题：您个人成长中出现过的印象深刻的艰难事件有哪些？

答：我生于20世纪70年代，那时还没有改革开放，我们家在穷乡僻壤的一个小山村里。我记事起，大哥二哥大姐都已经各自成家，家中除了父亲母亲，就只剩下十几岁的兄长和嗷嗷待哺的弟弟。兄长正值青年，比较贪玩，爱偷懒不干活，白天父母忙于劳作，很多的家务活就落在了我的身上。每天清早，天刚刚亮我就得起来洗衣服，那时没有自来水，我一个人提着全家的衣服跑到1公里外的小沟渠去洗，我到的时候已经有不少女孩已经洗好了，那些女孩一般是家中男人少，要干的活比我多，每个女孩都睡眼惺忪打着哈欠。

洗完衣服后，我要匆匆忙忙赶回家，用刀切碎杂草米糠喂猪，天天起这么早，人的身体又不是铁打的，有时候我就会困倦，打瞌睡。尤其是捣碎猪食的时候，黑灯瞎火的，特别容易犯困，小孩嘛一会儿就睡着了，可你手不能停啊，迷迷糊糊中"哇"的一声惨叫，砍到手了，流了好多血，疼醒了，赶紧拿布简单包扎一下，血止住后，又继续干活儿，烧水煮饭、割花生、割黄豆……

　　等我再长大一些时，就得跟着兄长去大概七八公里远的山岭上去砍柴，那个时候没有煤气，生火做饭全得靠烧柴火，离我们家近一点的山头早就没有什么柴火了，我们这些小孩就得翻山越岭地去割草砍柴。我吃得不好，个头不高，却总想着快点把柴火用牛车装满，赶回家上课。有一次，半路上力气不足抱着的一大捆木柴把我压倒了，柴火也散了一地，当时特别无助，就使劲地哭啊，兄长背完柴过来安慰我，我又想快点回家，不敢耽误，马上爬起来捆好柴火，继续下山。我们山里没有马车，更不用说汽车，只有磨磨蹭蹭的牛车，所以砍柴一趟就是大半天，很多时候书没读几天就得旷课去砍柴。

　　再之后，兄长也成家了，家里的小孩就剩我和弟弟。弟弟也到了上学的年纪，当时重男轻女思想仍然残留在乡下人的骨子里，兄长成家后家里也需要一个干各种农活的帮手。大约小学五年级我就辍学了，当年没有九年义务教育，很多和我一样的女孩子甚至一年书都没读过，唉！

　　辍学后，原先兄长干的活儿也要我来干，除了洗衣服喂猪之外，我每天还要到三里外的水井挑水，每天早上要挑四担水，个别天挑六担。我个子矮力气小，经常挑一两趟就精疲力竭了，有时挑水半路站不稳，一摔跤两桶水都泼出来，就和砍柴柴火散架一样的无助，哭啊喊啊这回可无人问津，看到不远处有熟人走过来，我只好拍拍裤腿，装作若无其事的样子。没有自来水没办法啊，你外公外婆都忙农活去了，能干这事的只有我。我歇了一会儿马上又挑下一担，挑完水后，我沿着原来上学的路送弟弟上学。他一开始怕生，老缠着我带他回家，我心里苦啊，有书读你还不乐意？就这样一直带他一个月，终于会自己找路上学了。

　　跟我同龄的女孩子，几乎和我一样的命运，我们开始跟着父母出去干农活儿，夏天的时候，天气热得要命，一丝风都没有，我跟着我母亲在田地里插秧除草。我干了一小会儿就汗流浃背、气喘吁吁地找到树荫下躲起来。短暂休息后，你外婆在田野里打声招呼我："小妹，下田干活咯。"天气实在是太热了，太阳快要把石头晒化，我在树后面躲起来，不愿出去，说实话，在树荫下我仍然感觉骄阳似火。"小妹，干活啦，太阳晒不死人的，干农活哪里死得了人？"我母亲汗如雨下，不停地催我下田。头几天我极不情愿，我母亲就一个人挥汗如雨做完所有工作。之后懂事了，我也下田劳作。我现在的很多疾病就是那时候落下的病根。

2.印象深刻的因社会大环境改变而发生转折的家庭或个人事件
问题：您印象最深刻的家庭或个人转折事件是什么？

答：虽说是1979年改革开放，但政策真正实行到我们这里都快1990年了。当时掀起了一阵进城务工的浪潮，我和邻居家一个玩得要好的姐妹一起进到城里打工，没读过书，只好进入工厂打零工。有了一些积蓄，我们就开始学裁缝，帮别人做衣服。可能是学艺不精吧，学成之后发现挣不了几个钱，我就开始在路边摆摊卖水果，当时城管经常清理路面，我只好转到菜市场卖水果蔬菜。你爸爸就在旁边的肉铺里宰牛，一来二去，我就和你爸爸相好了。转折事件就是进城务工吧，没有像其他女孩子留在山里，日复一日地重复十几岁的生活。虽然在城里没什么文化，为生活打拼也不比待在乡下轻松，但待在城里的20多年增长了不少见识，也为最终在城里安顿下来铺了不少路吧。

3.个人成长过程中最值得骄傲或自豪的一件事
问题：您个人成长中最值得骄傲的事件是什么？

答：最值得骄傲的事件是结婚后和你爸一起租门面卖肠粉和开快餐店，不论是卖肠粉还是开快餐店，每天一开张，总有一大批忠实顾客排着队来吃。卖肠粉是在一个菜市旁边，每次去采购猪肉蔬菜时，人们总是"老板娘""老板娘"地叫我，觉得特别有成就感。开快餐店的时候，周边几个建筑队的人每天晚上都来我们店里举杯畅饮，觉得我们炒的菜比别家好吃。可惜卖肠粉的店面半年就拆掉了，卖快餐的店面也只维持了一年。2006年后，我和你爸又开始了打工生涯。

对父亲的访谈
1.经历过的印象深刻的艰难事件
问题：您个人成长中出现过的印象深刻的艰难事件有哪些？

答：我七八岁时，没有早餐，早上起床只能喝水填肚子，然后和一群同等年纪的小孩一起饿着肚子玩耍，因为大人都在劳作挣工分，兄长要么已经成家要么在读书上学，家里早上是没有剩饭剩菜的，因为粮食本来就不多，我只好等着父母亲回来一起吃午饭。当时实行的是生产队制度，谁挣的工分多，谁家的粮食就多，你爷爷奶奶干活勤快，挣的工分多，虽然我经常饿一早上，但隔三差五午餐能吃上大米。不久，你伯伯读书读不下去了，辍学回家干农活，我才开始上学。因为我在兄弟姐妹中排行最小，上学后就一直读到了初中，中间的农活大都是你伯伯、我的三哥帮父母做，当然放学后我也帮忙干活。我上学时已经80年代了，虽然改革开放的春风还没有吹到我们这儿，但上学后我再也不会早上饿肚子了，而且你爷爷奶奶也确实勤劳，多得的工分还能每月趁赶集时买些猪肉回来吃。

补记：

改革开放初期爷爷家里靠着养猪养羊生活过得有模有样，但随着我父亲进城务工，老屋里只剩下两个老人和终身未娶的三伯，三伯没上过几年学，一直打理包产到户的几亩田地，奶奶打理菜园，年迈的爷爷养养鸡鸭，解决温饱是没有任何问题，却再也腾不出人手养猪养羊了，当然也干不成其他的副业。

2.印象深刻的因社会大环境改变而发生转折的家庭或个人事件

问题：您印象最深刻的家庭或个人转折事件是什么？

答：改革开放后，我们家开始养猪养羊，我父母干活勤快，三哥又在一旁打下手，温饱已经没有什么问题，家里也有了一些积蓄。我高中没考上，就趁着进城务工浪潮来到城里谋生。尽管多读了几年书，但用处不大，我来到城里在肉铺开始学习宰牛宰猪。我干活勤快，学东西也快，干了两个月老板就给我每个月的工资加到120元，后来又涨到150元，一年后涨到每月200元。在1990年，每月200元是相当高的工资了，不然你妈妈也不会看上我。几年后，肉铺老板的生意不做了，我又去给别人送货。我手脚麻利，和每个老板都搞好交情，在1997年靠着老板的相互介绍，我一天能送十几趟货，挣100～200元的工资。随后和你妈妈结婚，还余下不少存款，除了没有房子，也算得上半个城市公民了。

3.个人成长过程中最值得骄傲或自豪的一件事

问题：您个人成长中最值得骄傲的事件是什么?

答：最值得骄傲的事件当然是从一个 18 岁出头一穷二白进城务工的农村小伙，经过 20 多年的奋斗，2015 年终于在柳州市区买了房，你和你妈也转成城市户口了，过上了真正的小康生活。我和你妈妈读的书不够多，学的知识不够精，我们的起点和平台本来就不高，达到现在的生活水平已经完成我们的期望了。

访谈二十

受访者简介

姑姑，20 世纪 60 年代出生，专业技术人员，受教育程度为大专，目前生活在兰州市。

父亲，20 世纪 70 年代出生，职业教师，受教育程度为研究生，目前生活在兰州市。

母亲，20 世纪 70 年代出生，职业会计，受教育程度为大学本科，目前生活在兰州市。

对姑姑的访谈

1.经历过的印象深刻的艰难事件

问题：请说一说您经历过的印象深刻的艰难的事情吧?

答：最艰难的大概是 20 世纪 70 年代城市人口要疏散到农村去，那时候是最艰难的，母亲带着我和弟弟在农村生活了整整一年。那里没有多少吃的，人们只有一个月几块钱的生活费。就靠父亲一个月 20 块钱的工资来支持我们在农村的生活。但是比农村其他家庭，我们还是幸运的。

我印象最深刻的一个事情是，我们的房东，是老两口，都七八十岁了，他们养了一只鸡，从来没舍得吃，也不知道鸡是什么味道。唉，有一天非常冷，把鸡冻死了，老两口发现后，从早上就开始哭哭啼啼的。听到哭声，不知道发生了什么事情，我就和我母亲出来了。本来这只鸡是可以下蛋换钱的，但是现在鸡冻死了，他们要靠什么过活？即使是鸡已经死了，他们仍不会舍得吃。我母亲看不下去，就花了 5 块钱，把那只鸡买了过来。买回来后，我们把鸡炖成了汤，并分给了三家人吃，其中一份分给老两口，他们含着泪吃完的，也一直都很感激我们。一年后，我们动身回城，他们就跟在汽车后面跑。我在车上很激动，你奶奶、妈妈也在哭。

多年过去，那对老夫妇跑着送我们的情景我还历历在目。

2.印象深刻的因社会大环境改变而发生转折的家庭或个人事件

问题：您有什么因为社会大环境改变而发生转折的家庭或者个人事件吗？

答：以前啊，买什么东西都是要凭票购买的。记得有一天我去给家里买豆腐，从早上四五点开始排队，一直排到了下午一两点。等排到前面只有两三个人了，豆腐正好就没有了，我只好回家。父母看我两手空空的，就不太高兴。

可现在就不一样了，生活富裕了，想吃啥就有啥，甚至都不用出门，在网上也可以买到许多东西。东西吃不完了，大家就买冰箱，甚至有的家庭买了冰柜，这就是社会的变迁吧。（笑）

3.个人成长过程中最值得骄傲或自豪的一件事

问题：那么在您成长中最令您骄傲的事是什么呢？

答：最值得我骄傲的事情是，我在工作岗位上踏实肯干，取得了一定的成绩，就因为工作中表现比较出色，领导派我去广州、深圳学习。在深圳住了半个月，看到了许多没有见过的东西，深圳速度啊，文化素养啊，最重要的是我学到了好多技术上的东西，开阔了眼界，为之后的工作带来了新鲜的血液。

我们还第一次坐上了飞机，从白云机场飞往兰州。那时候，只有处级以上干部才能坐飞机，而我作为一名普通的技术人员，也坐上了飞机，这是令我非常自豪的事。

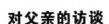

对父亲的访谈

1.经历过的印象深刻的艰难事件

问题：对您来说印象最深的艰难的事情是什么呢？

答：这个问题反而让我想起一件比较有意思的事情，一件我小时候的事情。那是我上三年级时候，第一次离开父母亲去住院。我们那个时代呀物质生活非常的匮乏，我去的医院是一个非常好的医院，是解放军第一医院。听见这个"第一医院"，你想，肯定医疗条件很好了，我在想：我要住到哪儿呢？最后知道了，是在儿科，在儿科呢，我也是年纪比较大，先进行系统的检查，让我耳目一新。可我印象最深刻就是病号饭，为什么这样说呢？其实病号饭，和我们现在的理解不一样，现在的病号饭呀，和家里饭相比不好吃，而我们在儿科，病号饭相比较那高墙以外的饭食，那简直是神仙般的日子。这里的病号饭呀，不是苞谷面了，是我们都没想到的，从来没吃到过的面包、牛奶、水果，这些都是我们当时想都不敢想到的好东西。

当时的生活，一个家庭一个月有70%的杂粮，30%的细粮，细粮就是白面而已。而且大多数家庭往往不够吃，一日三餐就是苞谷面，我们都不愿意再去吃。

那这是我第一次吃面包，记忆犹新，个头和馒头差不多大，颜色也很鲜亮，味道更是诱人，吃起来呢，真是松软入口，太好吃了！住院期间每天都有牛奶，我们在病房就能闻见牛奶的香味，为什么这样呢？因为开饭的时候，专门有餐车从楼道中间推过来，里头有牛奶。我们天天喝牛奶，可以说是一种无上的享受。

牛奶面包现在来说是司空见惯，但在我们那个时代却是一种无比幸福的感觉，让人终身难忘。从这点小事上来看，也可以说是对艰难的一个体会吧。

2.印象深刻的因社会大环境改变而发生转折的家庭或个人事件

问题1：请问，社会环境对您影响大的一件事是什么呢？

答：这个话题要从每个家庭或者是社会上非常常见的一个物件说起，这是什么呢？就是电视了，自从贝尔发明了电视之后啊，电视的普及速度是越来越快，但是对我们而言，在 20 世纪 70 年代见到电视几乎是不可能的。为什么这样说呢？就从我的经历来说吧，当时我的父亲是新闻单位的工作者，他们单位呢，因为工作需要，就从北京买了一台电视，北京牌电视，那是由我们国家第一个制造电视机的厂生产的电视。这个电子管的电视，有个比较大的外壳，木质的，也不像现在的电视打开立马就能显现出图像来，而是屏幕像水波纹一样地慢慢地向四周扩散，大概要一两分钟以后才能扩散成一个完整的画面来。

就是这第一台电视的到来引起了轰动，轰动效应有多大呢？单位为了有一个良好的观影秩序，专门为此设置了保卫岗位，以加强四周的保卫工作，其实就是不希望让更多的人进来看电视，造成单位秩序的混乱，因为在那个年代新闻报道还是非常重要的，但是经过了一段时间，可以说防不胜防。

问题 2：为什么说防不胜防呢？

答：（笑）就是有一些特殊的观众，他们从外墙、从房顶爬过来看电视，以至于最后单位索性就开放了观影，把电视机放在空旷的院子里。天一黑电视就开了，要想看到电视，必须要赶早，要占好的位置。

可以说，那个年代就是这样一台电视，成为我们那个地方的人的精神食粮，现在看看，是不是还觉得很可笑。可笑之外，那是不是也感受到一点什么东西？那就是社会的变迁，文明的进步对我们每个人生活带来的巨大的影响。

现在电视已经走向每一个家庭，不仅有我们那个年代的技术，现在还有投影电视、激光电视等，当然未来还会有更先进的电视等着你们，那肯定是我们这一代想象不到的。

3.个人成长过程中最值得骄傲或自豪的一件事

问题：那么对您来说最值得骄傲的事情是什么呢？

答：因为我的职业是教师，古语说"桃李不言，下自成蹊"。作为老师，就是看你的学生是不是桃李满天下，你的学生是不是因为你的教育而对他的人生产生了积极的影响。

老师是灵魂的使者，也是园丁。面对每个孩子我们都要认真施教，要有教无类，要为了他们的幸福和成功的人生做准备。对我自己而言，职业道德的核心就是捧一颗爱心来，不带半根草而去。任教近30年，15年的班主任，带了20届学生，这些学生呢，都在自己的工作岗位上为社会贡献着，这些就是作为老师最骄傲的事吧。

从教以来，我一直把每个学生都当成自己的孩子。每当面对所谓的"后进生"，我都笃信，爱能融化坚冰。我想，每个孩子都是一颗星星，只是有时容易被外物遮挡了光辉。只要教师给予学生真挚的爱，一定能拨开云雾见星明。成绩不好的学生听惯了训斥与批评，往往具有强烈的逆反心理，因此，我必须以身作则感染他们。我经常挖掘他们的潜力，寻找他们的闪光点，只要看到他们的一点点进步，我都会表扬和鼓励他们。同时，我让全班学生结成对子互帮互学，表现才能，融入集体生活。"后进生"感受到了集体的温暖，逐渐消除了自卑心理，树立了与集体一起进步的自信。教师就是要做学生美好心灵的塑造者。我想把自己所有的爱都倾注在学生身上，用人格魅力感染学生，做学生健康成长的引路人，这就是我最大的骄傲。

对母亲的访谈

1.经历过的印象深刻的艰难事件

问题：请您说一说让您印象最深的艰难的事情吧？

答：最艰难的时候应该是小时候。我上小学的时候住在一个大院子里，院里住了好多家。那时候家里的孩子都很多，很多家都挤在一两间小房子里面。一间房子又是厨房又是餐厅，孩子们还要在那里学习。

当时我家有四口人、两间房，相对算是大的。我住的那间只有5平方米房子的窗户被别人家的厨房挡住了，房间内总是黑黑的，因为那时候大家都舍不得电费，白天是不会开灯的，为了不被别人打扰，我就坐在里面学习，时间久了眼睛就近视了。

还有，那时候最怕家里来亲戚，他们一来我就得睡沙发，一个小的单人沙发，可以说是坐一晚上，那时候不懂事，还对妈妈闹脾气，大人也许习以为常，也就是笑笑，不和我计较。我还对妈妈说我以后一定要住大房子。

那时候房子的隔音条件也很差，最怕被家里训，因为第二天大家都会知道，还会被别人调侃一天。记得有一次就是因为被人调侃，我就不去上学了，家长又是收拾又是好言相劝的，才去上的学。

反观现在我们住的房子，厨房、卫生间、客厅、书房、卧室功能分明，各不打扰。每一缕阳光都可以照进房间，令人神清气爽。再也听不见邻居家的吵闹声，也闻不见邻居家的炒菜味了。当然，也有可能住了好多年，和邻居都没说过话。

2.印象深刻的因社会大环境改变而发生转折的家庭或个人事件

问题1：您有什么因为社会大环境改变而发生变化的家庭或个人事件吗？

答：我们70后和别人生活的年代不一样，我小学的时候，赶上了第一届六年制义务教育，现在国家实行的是九年义务教育，我们那时候上初中就要考试，考了好成绩才可以选自己喜欢的初中，高中也是要参加中考的，只有考了好成绩才能进入优秀的高中。当年我们中考结束后，我们班一半的同学都上班了，还有上中专的，而上高中的同学很少。

问题2：那时候的高考是不是不像现在这么容易？

答：是的，那时候上大学很难，大概是7∶1的比例，也就是说八个人里面只有一个人能上大学。对于我们那个时候的人来说，上高中的目标就是要考大学，很多人知道自己大学考不上，所以初中毕业就早早工作了。不过我那些初中毕业就上班的同学，后来又都不同程度地进修过自己的学业。

我当时也是复读了两年才考上大学的，我们复读班还有复读了八年的同学。真是太不容易了！现在的孩子们上大学比我们那时候要好很多，机会和选择也多了，可以上自己心仪的学校，还可以去世界各地的学校学习生活，从眼界、思维等各方面都得到了很大的提升。你们讨论的不再是生活和柴米油盐，而是当今世界的发展趋势，日新月异的科技创新。弹指一挥间，现在的孩子们放眼的已不是书本上的那些东西了，而是整个世界带给你们的想象和喜好了。

3.个人成长过程中最值得骄傲或自豪的一件事

问题：您个人成长中有什么值得骄傲的事吗？

答：说起让自己骄傲的事情应该很多吧，比如亲戚里面上大学的除了我没几个，比如因为我自己的工作努力，让父亲、母亲改善了生活条件住上了舒适的房子，又比如我在自己工作上取得了一定的成绩的同时，把家里经营得很好，不给丈夫拉后腿，支持他的工作，孩子听话、懂事，最值得骄傲的是我的儿子你了。（笑）

访谈二十一

受访者简介

父亲，职业医生，研究生学历。出生于陕西韩城的偏远山村，一路奋斗考上大学，走出大山。医科大学毕业后被分配至县城医院，在那里结婚生女，为撑起小家，去过深圳的服装厂、去过北京寻找机会，最后认定还是要救死扶伤。从此，刻苦钻研手术技巧，攻读硕士研究生，因表现优异被留在市医院工作，不久后将爷爷奶奶从黄土高坡的窑洞里接到大城市居住。目前是可以独自带组的副教授。

母亲，卫生学校中专毕业后被分配到医院从事护士工作，早早赚钱补贴家用。成家后因父亲在攻读研究生阶段没有收入，家里开销均由母亲微薄工资支撑。目前在医院医保办工作，期间学过财会和健康管理。

对父亲的访谈

1.在过去的年代里印象中最深刻的艰难的事情

问题：爸爸，能跟我讲讲您印象最深刻的家里的艰难事件吗？

答：我面临过的最大的苦恼是，当时你生下来之后慢慢在长大，爸爸的事业呢，就想当个好的医生。在临潼那个医院太小，舞台太小，收入有限，我们希望让你得到好的教育，临潼的教育资源有限。理想和现实差距太大，所以爸爸决定去进一步地学习，跳出原来这个单位，重新改变自己。虽然我在原来的单位干得还可以，但是可以预见，将来的日子可能就跟现在依然还在原来单位的那些叔叔阿姨一样，很平淡、简单地重复着。那不是我想要的生活，但是迈出这一步，还是很难的，很有挑战性的。

后来呢，我出去上研究生，对我、对咱们家都是件大事。其中比较艰难的事，就是这个研究生上完之后，我不可能回到原单位了，但是我要去哪里、会怎么样，都是个未知数。在研究生期间，爸爸最担心的事情就是毕业后的去向，因为有可能面临失业，有可能到某个医院站不住脚，那就会颠沛流离呀。在当时找工作是很难的，还很少有医院外聘什么人啊之类的，而要调动工作，对我来说又几乎是不可能。

能到现在的医院工作，虽然有幸运的成分，但是跟自己的努力还是分不开的。因为那时，医院每年有上百个跟我一样的医生，但最后基本上都是回到原来的单位了。如果当时我也再回到原来单位，我想咱们家庭不是现在这个样。

爸爸通过自己的努力和以前的积累，在医院站住脚之后，才有能力把家安到西安、把你送到西安的小学，这就是咱们小家中最重大的事件了。

2.印象深刻的因社会大环境改变而发生转折的家庭或个人事件

问题：那在您成长过程中有没有印象深刻的，因为社会大环境改变而发生转折的家庭或个人事件呢？

答：我想是教育、就业等制度的完善吧。我和你妈妈这代人受到了比较良好的教育。爸爸考上了大学，让我们这个大家庭从那个小山村走到了城市。爸爸之后又考上了研究生，离开临潼来到西安奋斗，也让我们的家庭能够从临潼县城落户到西安这座大都市。

这个呢，也是跟社会环境有关系。在我考研究生之前的那个时候，报考是非常困难的，需要单位介绍信，录取的比例又很低啊。再有呢，以前的人事制度非常的僵化，你想进一个单位也几乎是不可能的，工作调动非常复杂，有时可能会持续数年得不到调动。所以说呢，改革开放以来，国家每一步重大的政策，都可以在我们这一代人身上得到体现。

3.个人成长过程中最值得骄傲或者自豪的一件事

问题：您人生最值得自豪的是哪一件事？

答：对我来说是通过自己的努力考上了大学，这是最重要的事情，对我们这个家庭来说也是最重要的事情。考上大学，就意味着你能看到更多的地方，能学到更多的东西。在我出来上大学之前，我们老杨家几十口人，没有人出过韩城市的，没有人能领工资的，没有人知道公家的饭是什么样儿的。

就是爸爸一个人从韩城出来出去上学，出去工作，所有的事情都是完全靠自己。这个对我来说，处处都是挑战啊，不像你现在什么都有人给你管，什么事都有人给你操心。

我和你妈妈这部分人是最能体验到知识改变命运的了。现在回到村里再看到我那些老同学们，他们的确比爸爸苍老得多，生活要艰苦很多，沧桑也都写在他们的脸上了。

对母亲的访谈

1.在过去的年代里印象中最深刻的艰难的事情

问题：妈妈，能跟我讲讲您印象最深刻的家里的艰难事件吗？

答：印象最深刻的事情啊，就是那些年人都很穷。我们家在农村，家家户户都会养一头猪。等到要过年前把它卖了，然后再去采买年货。结果有一年快过年的时候，奶奶（当地管姥姥叫奶奶）家的猪被别人给偷了。丢了猪以后，奶奶就特别特别地伤心。一年才养一头猪呀，全指着它过年呢，奶奶很伤心，我们也只是看着奶奶着急。

因为这个事情后来奶奶就老是哭，心理上、精神上觉得特别的痛苦，就是想不通为什么让别人把猪给偷了，然后就生病了。爷爷当时又不在家，他在外地挣钱。奶奶生病还要到西安去看病，隔一天要去一次，去了十几次。你想想那会儿从农村家里到西安，是进省城，车又不像现在那么多，公交车都很少，奶奶没钱一路很辛苦的，到西安看病也不舍得吃。

奶奶不在家没人照顾我们，我们兄妹三个就要自己在家做饭了。你舅舅就比我大三岁，那会儿也都还不太会做饭。哎呀，就觉着特别的煎熬，因为经济上遭受了损失，然后精神上也受折磨，又影响到奶奶的身体。那时候虽然我们小，但好像一下子就懂事了，能体谅大人，体会到生活很不容易。

2.印象深刻的因社会大环境改变而发生转折的家庭或个人事件

问题：那在您成长过程中有没有印象深刻的，因为社会大环境改变而发生转折的家庭或个人事件呢？

答：我觉得对咱们家就是两件事情。第一件事是家里装了电话。我记得那会儿，我跟你爸爸刚结婚，爸爸出去学习，我要和他联系就得用公用电话，打电话的时候要到电话亭去排队，特别麻烦，还特别贵。那时候家里面装一部电话要三四千块钱，一般家庭都装不起的，一个月才挣多少钱。不过装了电话之后，我感觉特别好，我想说什么的时候就能立马有人听到。再后来你奶奶家也装了电话，再到后来都有了手机。从精神层面上来说，我觉得这种满足感特别好。

还有一件事就是咱们家买车。虽然那会儿交通也都还可以啦，但是我觉得，在没有车以前，出去好像特别少，也特别不容易，有车了就好像腿加长了，外出的机会也多了。所以我觉得有车以后对咱们家的生活变化还是挺大的。

不管是在通信方面，还是在交通方面，都应该是社会大环境的改变带来的。你看现在的手机支付，包括微信支付，我觉得给我们生活带来了很大的便利，大家都有这种感受吧。

3.个人成长过程中最值得骄傲或者自豪的一件事

问题：在您的成长过程中最让您自豪的是哪一件事？

答：妈妈在上小学的时候，不是喜欢学数学吗，然后老师就老夸我，越夸我就越爱钻研数学。好像是小学三年级吧，我解出了一些类似奥数的题，因为好几个老师都没解出来，所以老师们都很震惊。我就特别骄傲，有点自豪，老师一夸好像就找不着东南西北了。妈妈后来觉得，自信心很可能是在那会儿建立起来的。不瞒你说当时老师就说我将来是能上清华北大的料，其实当时我根本不知道清华北大是啥。现在回想起来好好笑啊，但是当时呢，就觉得是很骄傲的事情，然后就对数学一直很有兴趣。不过这也导致了我有点偏科，不爱学语文。

还有就是上班以后了，上班以后有一次竞赛的时候操作还拿了个奖，然后大家就觉得我很了不起啊，其实平时我也没有特别的突出啊，拿奖后大家就以我为标准了。妈妈当时年龄也小，觉得也是挺自豪的。

访谈二十二

受访者简介

父亲，70后，生于商洛市山区，家里有3个姐姐都没有上过学，考入西北农林科技大学农业机械专业，又攻读了经济学硕士学位。毕业后任职教师，现任二级学院院长。

母亲，70后，陕西省兴平市农村，一哥一弟一妹，高考失利后次年考入西安美术学院，毕业后任教至今。儿子17岁时母亲生下女儿，挺着大肚子读书，42岁拿下西安美院艺术硕士学位。

对父亲的访谈

1.在过去的年代里印象中最深刻的艰难的事情

问题1：家里有什么您印象深刻的艰难事件？

答：我工作后你爷爷、奶奶都生了病，刚在泾阳买了房子就搬到咸阳，把瘫痪的奶奶接到出租屋里来，地方又小，还要上班，照顾不了老人，也没什么时间管你，那几年都挺难的。

问题2：还有吗？

答：那就是你高考那年吧，前一年我打球颈椎受了点伤，还能正常生活，但是很不舒服，回不到以前的状态了，就到处求医，可是花了很多钱跑了很多地方，却怎么治都没有效果。那时候你妹妹还小，我也没怎么照顾她。我自己都很痛苦也照顾不了别人，还要别人来照顾我，我那时候甚至想逃离，当然那是很偏激的想法了，现在都好了。

问题3：您能说说您在商洛家里感到艰难的事件吗？

答：我上初中的时候吧，我二姐因为儿子出了车祸，她精神出了点问题，生了病。我那时候在上学，家里每天都很乱，我当时就是很害怕。然后到了学校，我身体瘦弱，受人欺负，你奶奶在街道给人补鞋，他们就骂我臭皮匠。很害怕，当时很小，精神受到了打击。然后中专我也没考上，就很难受，无助。

2.印象深刻的因社会大环境改变而发生转折的家庭或个人事件

问题1：想问您一下印象深刻的社会事件？

答：就是1998年的洪水和2008年的地震，我感受到自然的力量，

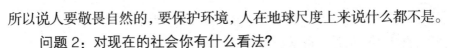

所以说人要敬畏自然的，要保护环境，人在地球尺度上来说什么都不是。

问题2：对现在的社会你有什么看法？

答：平心而论，作为一个普通百姓，我对现在的社会很满意。因为自己切实感受到的事实是：国家逐渐富强了，各种政策、制度在不断地改进完善；民主与法治建设正在逐步提高。随之而来的是个人收入越来越高了，生活水平自然越来越好。我觉得这是绝大多数百姓能看得见的，不可否认的。

虽然现实社会中还是有很多的各种问题亟待解决，但彻底解决还是需要一定的时间，这一点我们应该明白也是应该可以理解的。社会本来就是在各种矛盾中发展进步的，将来就是再发展再进步也会存在新的问题与矛盾，所以对社会看法主要还是取决于个人内心的感受。自己内心光明，看到的自然是阳光面，反之亦然。

问题3：你对社会有什么期望吗？

答：人类之所以能够进步，是因为仁慈的自然界还留给人类一些规则和理性可循。一旦自然界的规则和理性挖掘殆尽，人类社会将会堕入无边的黑暗。人类社会的组织方式，包括压榨、剥削、资本，是实实在在具有纯的负外部性的。人类社会之所以能维持，所得到的正外部性，几乎全部都来自对自然界规则和理性的合理运用。一旦资源消耗殆尽，人类将只剩下压榨，而无任何增长和未来的期望。我希望这个社会还能保留一些理性吧。

问题4：你认为社会比学校残酷吗？

答：读了多年书的人总习惯性地以为社会也像学校一样，努力就有回报，只要大家共同努力就能取得优异的成绩。所以学校总是鼓励每一个人去努力读书提高分数，即使是倒数第一也可以"逆袭"，那也算是学校的成功。

学校单纯追求每一位学生的成功(考更高的分数)，社会并非如此。很多情况下，社会的利益是给定的，在分配过程中就难免遇到此消彼长，顾此失彼的时刻。一部分人的成功可能以损害另一部分人的利益为代价。共赢在社会中还是很少存在的，比如说两大巨头企业合作产生的所谓"共赢"局面，也许不过是以损害无数中小企业的利益为代价。

社会残酷的部分在于，作为个体的我们很难判断自己命运的转盘什么时候被转到"牺牲"的那一格。

刚从学校步入社会的人最大感慨可能是再也找不到 10 元有饭有肉的一餐，社会上随便一份快餐现在都是 20 多元。甚至是最基础的人身安全和食品安全，在学校内你可能从未考虑过这些问题。

再进一步说，优秀的学习环境，例如图书馆、自习室，基本从你迈入社会就荡然无存了，当你入不敷出房租都交不上来的时候，一定会很怀念当年那个拥挤但明亮的大学宿舍。

3.个人成长过程中最值得骄傲或者自豪的一件事

问题 1：您成长过程中最骄傲的事情能跟我分享一下吗？

答：那就是考大学了，我高中成绩不错，考上了西北农林科技大学，从大山里走出来，自己改变了命运，考不上的话我可能还在地里种庄稼呢。当然现在农村也过得很好，国家也有各种政策，大家也不全种庄稼了，政府安排他们种些中药，生活也好起来了。

但是说实话还是城市里更适合生活，用脑力劳动来工作而不是体力劳动，也不会太辛苦。很多人都有这样的经历和感受，我们这些从农村出来的孩子到城市里现在也有自己的一席之地，是一件很不错的事情。

问题 2：那时候您的学习状态很好吗？

答：初中时候经历的变故比较多，高中就好很多，我那时候学习状态很好，也有兴趣，有劲头，毕竟是考了大学就走出农村了。

问题 3：那您工作之后呢？

答：这些年成长了很多，只是不觉得骄傲自豪。成长或许疼痛多一些吧。值得骄傲自豪的应该是，不管遇到什么困难，都扛过来了。回头看看，原来我竟然咬着牙走了这么远的路。

对母亲的访谈

1.在过去的年代里印象中最深刻的艰难的事情

问题 1：家里有什么你印象深刻的艰难事件？

答：要说艰难事件，那你应该也记得，就是你上小学时，你山里的爷爷得了癌症,奶奶得了高血压。当时还在泾阳,刚买了学校的房子,你爸爸陪着你爷爷租了个房子去看病,我们挣的钱都去看病了,我记得很清楚那年过年我跟你在家里,你爸爸把钱拿去看病了,家里真的就只剩 600 元,我买了些油和面粉就没了。那确实很困难。

问题 2:那是怎么度过那一段时间呢,我对很多具体的事情都不清楚。

答:那就只能努力挣钱、工作,省下的钱都用来治病,然后尽可能去照顾老人吧,那种病花钱也治不好,就是陪他们走最后一段时间吧。

问题 3:这样的事情还有吗?

答:还有就是你姥姥 2018 年也查出癌症了,那时候你妹妹还小还要人照顾,你爸爸又打球受伤了,也需要人照顾,你在上学没人帮忙,家里边也是乱成一锅粥,真的很难。所以,身体健康真的很重要。

问题 4:那您能不能说说您小时候在兴平家里印象深刻的事情?

答:就是穷,我当时在外边上学都是靠自己。每天都在算 1 毛钱怎么花,吃饭就是喝一碗粥吃一个馒头。那些钱都是你姥姥卖鸡蛋挣的钱,或是问村里人借的钱,你姥爷当时不支持我上学,我就经常不吃饭。到了大学也是经常不吃饭。你想象不到,那时候上学很吃苦的,有时候都快要饿晕过去了。

2.印象深刻的因社会大环境改变而发生转折的家庭或个人事件

问题 1:那您印象深刻的社会事件有吗?有没有因社会大环境改变而发生转折的家庭或个人事件呢?

答:你说的大环境对我们的影响可能没有那么明确。可能就是国家发展了工资涨了,这些年生活也还过得很安定,没有那种特别突兀的转折,比较平淡。我能不能说那种个人的事件,就是新闻里的有拐卖小孩、在小学门口砍小孩的那种,我感觉特别残忍特别接受不了。还有就是看到有小孩子乞讨吧,很同情,每次看到心里都很难受。我关注的可能更多的是小一些的事情吧。

问题 2:个人和社会您觉得是个怎么样的关系?

答:我觉得社会是由千千万万个个人组成。个人必须适应社会,而不是社会去适应个人。处理好人与人之间的关系就是处理好了人与社会的关系，也就是具备了适应社会的能力。人具备社会属性，既隶属于社会，同时，社会又依存个体，受到个体到群体的影响。个体与社会相互并存，唇齿相依。如果大多数个体品德不好，大部分人随波逐流，社会风气就不会好。

问题3：您能说说社会和学校不同的地方吗，我也思考思考。

答：在学校，你做错题、考砸了、调皮会被请家长，但永远都会有给你改正的机会，哪怕是学校里最严酷的高考，你失败了，还有复读的机会等着你，学校给予你无数次试错机会，所有犯错带来的后果基本上都在可预见可承受范围内。

可是进了社会，分分钟现场直播，一个错误都可酿成千古恨，甚至有些不是出于自身原因的错误也令人无能为力。酒驾、飞机延误导致项目合同无法签订，政策改变导致无法购房……看到身边太多人因为自身或非自身的原因错失了重要的机会，带来严重的后果，而这一切都是无法挽回的，不是说犯了错，你去改正就能得到想要的结果。

3.个人成长过程中最值得骄傲或者自豪的一件事

问题1：您可以说说您成长中最骄傲的事情吗？

答：我可能就是上学的时候吧。我初中有一次考了年级的第三名，然后还考上了大学，摆脱了农村的这样一个环境，才到了城市。

还有就是生了两个孩子，也是很让我骄傲的。

问题2：那就说说您作为母亲最骄傲的吧？

答：孩子有自己的理想，有自己的思维，有健康的身体，还有个不错的成绩，有很好的三观，有积极的心态，有一群要好的朋友。

我为孩子感到自豪，但是我不希望孩子活成我的骄傲，我希望他过自己的人生，我也不希望我是孩子的负担和全部责任，我希望我们彼此都牵挂和依靠，却不是彼此的唯一和寄托。我尊重孩子的想法，我也希望孩子理解我的严格。

不过让我感到欣慰的是，你能够理解，也很努力。既有少年的单纯和快乐，也清楚明白社会的现实与无奈；既有少年的朝气和蓬勃，也有理性与担当。

第三章 结语: 家庭微思政与课堂的协同性

每个人都有自己独立的思想，但同时也能从与大家的讨论中获益，就讨论的问题，各抒己见，不断调整，直到展开下一个问题，这就是对社会化学习的最好描述。团队22位访谈员在完成访谈任务之后，齐聚西安交通大学教学主楼E615办公室，基于与被访者多年交往过程中的观察、访谈过程中的交互，进行了一次融模式、观察、分享、参与为一体的讨论会议。

对于首次访谈祖、父辈的千禧一代的大学生而言，他们经历了从访谈前对访谈形式的陌生，对能否访谈到有价值信息的质疑，到访谈后加深了对艰苦奋斗的感知，对家庭及亲人的理解以及对眼下生活的珍惜。捕捉到了祖辈、父辈之间对艰难的感知、对社会的感知以及对自我成就的感知上的差异。这是一种没有距离的沟通，润物细无声式的传递，家国情怀的涵养，呈现出了微思政的魅力所在。

感悟者：曹琛浩

在开始这次访谈之前，我的心里是忐忑的。因为平日里也不是经常和自己的爷爷、奶奶、外公、外婆交流，所以突然要进行这样一次访谈，竟然是有些不知怎么开口。同时，也许是由于受影视作品和文学作品的影响，我对过去一直抱有着些许的成见，那是一个辉煌的时代，也是一个落后的时代，更是一个封闭的时代，我不觉得能从没有经历过良好的教育，也没有过什么特别经历的长辈的口中得到任何和时代挂钩的东西。相比之下，我认为在文学作品之中去探寻会更利于我们对于20世纪的了解，而以往的我也正是这么做的。

但是在尴尬地开始了这次访谈之后，我的想法很快就发生了变化。一切尽如想象中的一样，没有动人心弦，也没有惊心动魄，只是一些鸡毛蒜皮，油盐酱醋。不过在一句句朴实的方言之中，我却突然感受到了一种别样的感觉。

就算是对于同一件事情来说，亲历者的感受和旁观者的感受是不一样的，而旁观者的感受和最终知情者的感受又是不一样的。身临其境的感觉会在传递中被层层削弱，而我现在便是在倾听着亲历者的叙述，感受着在不断的传递中所丢失的那些东西。

心里的不以为意渐渐地消失了，我被爷爷和外婆的讲述吸引，感受着那个年代的苦难在他们身上留下的烙印。随着访谈的深入，我的心里突然萌生了一种敬意。他们仅仅是最普通的农民，以前是，现在也是，以后也没有时间来让他们改变。他们对政治和历史知之甚少，但是时刻都将共产党的名字刻在心中。因此我敬佩我们的中国共产党，他做到了真正意义上的"人们的党派"；我也敬佩我的爷爷和外婆，纵然时代困苦，他们也拥有着最为赤忱的感恩之心。

感悟者：胡晨曦

因为父亲参军的原因，从小到大我和他的沟通并不多，我一直不怎么了解他内心的想法，他也很少说出来，在一段时间内我很怕他，更甚至怕他回家。但是通过这次访谈，越是了解他，越是理解他所做的每一件事情，每一句啰嗦发脾气，其实都隐藏着他内心的无奈和深深的爱意，对我，对妈妈，对奶奶，对这个家庭满满的深情从未诉说过。也许，从没有人能想到过，当初那个连高考都没有去的混小子，会带领这样一个普普通通的家庭走出贫困，走向幸福。

了解长辈们的过往经历，我发现他们每个人就像耀眼的星星一样闪耀在我的世界里，有流星划过天际来到我的身边，也有星星停留驻足在星海远远地凝视着我，更有像卫星一样永远环绕着我的母亲和那个时刻等待我们回家的奶奶。我希望能够继承他们所呈现给我的优秀品质：拼搏，努力，坚持，奉献与爱，这是我的家，更是我们的家风，家的品质，家的文化。我希望自己会是那最耀眼的星星，通过我的努力让整个家庭变得更好，把家文化世世代代传承和发扬下去。

感悟者：梁倩

通过这次访谈，我才第一次了解了我们整个家庭几十年来生活的变迁，了解到我的爷爷和我的父亲那样动人的经历，对他们有了全新的认识。也正因为了解了他们曾经的生活，我才能理解他们的一些理念和行为。爷爷经常在家里看抗战片，国庆期间也在看《外交风云》。之前我并不理解抗战片对于爷爷的意义，现在我知道也许爷爷能从那些抗战片里找到自己当年的影子，找到几十年前中国的样子。因为知道了过去在物资匮乏年代里人们生活得十分艰苦，我才真正懂得了勤俭节约对我爷爷的意义，我也愿意传承这份勤俭节约的精神。

爱岗敬业，以恭敬严肃的态度对待自己的工作是父辈的标签，未来也将是每一代人的时代标签。父辈这一代人，是祖国发展受益的第一代人，也是建设祖国的强大力量。

我出生在 2000 年，作为"千禧一代"，我所处的生活水平恐怕是人们在几十年前做梦也不敢想象的。从我小的时候，物质资源和精神资源便很丰富，衣食住行都十分方便，电子产品更是给我们的生活带来了无限可能。新时代的我们，没有吃过苦，接受的教育和思想也更为先进和开放，目前，中国正处于最好的发展阶段，建设祖国的接力棒也即将交到我们的手中，我们不会辜负前辈们付出的血泪和汗水，会更加努力地建设好我们的国家。

感悟者：黄曦恒

访谈结束了，但我的心情还久久不能平静……从爷爷到父亲再到我，跨越了近八十年的光景，八十年的时光，中国究竟走了多远？从新中国成立到改革开放再到现如今经济、科技、文化、教育的不断腾飞，从建设、奋起、改革，到突破、创新、发展，再到迎接挑战、拥抱世界，片刻都没有停歇。虽然一路走来有坎坷，有曲折，但前进的脚步，始终不停。

2019 年是新中国成立 70 周年大庆，举国欢腾，一场盛大的庆祝活动在中国上演，惊艳了世界，也感动了我们每一位中国人。我和家人一起看完了这场阅兵庆典，节目结束后，父亲对我说："你们这一代人，有着远比我们当年更优越的条件，更广博的见识，站在更高的起点。所以说，未来中国的分量和质量，就在你们这些年轻人的手上啊。你们有光明，中国就不会黑暗。"

是啊，岁月不居，未来可期。我们是年轻的一代，更是充满希望的一代，所以更应该不忘初心，砥砺前行，做一名积极进取的新时代青年。70年风风雨雨，时间已经证明了一切。虽遗憾未见其生根发芽，但愿与其共度风雨繁华，我相信，中国会越来越好！

感悟者：王钺媛

在这次访谈之前，我并不曾深入了解祖父辈年轻时的故事，也不曾如现在这般感受到国与家有如此密切的联系。我平时去外公外婆家很少，与他们交流的机会也不多。但当我认真地听了外公与母亲讲述他们的故事之后，我才有所领悟。

对于现在的我们来说，生活中除了考虑学业和未来，并没有更多的事情需要担忧，从长辈的故事中，我们可以体会到美好生活的来之不易，可以汲取他们人生奋斗的力量，获得对时代变迁的认知、对家国情怀的认同。

"家是最小国，国是最大家"，在新中国成立以来，我们的社会从最初贫穷落后的模样发展到今天繁荣昌盛的年代，每一个家庭都是社会发展的缩影，每一个个体都是中国历史的一隅。从外公外婆到母亲，他们都是我们国家发展中的无数普普通通的人民中的一员。在那个艰苦的年代里，一直保持着勤劳质朴，自强不息的顽强意志，在时代的变迁中展现着自己不屈的生命力，在社会大环境变化时积极接受并融入其中，凭借个人的努力使自己的人生更加完整，同时也为国家的发展献出了自己的一份力量。

通过这次访谈，这一部浸透着祖父辈的血汗和艰难的家庭奋斗史传承了下来，让我受益匪浅。每个家族发展的历史应该被继续传承下去，成为后辈一份宝贵的财富。作为新一代的青年，我们要将个人的追求和国家的发展道路结合起来，在社会的变化发展中把握时代的脉搏，发展自身的优势，脚踏实地，才能实现自己的理想和价值，同时也为祖国的事业添砖加瓦，贡献自己的力量。

感悟者：胥钧埕

前不久我第二遍看完《活着》这本小说，第一遍阅读的时候我只感受到沉重与压抑，而第二遍阅读我却潸然泪下。小说中每一个人物的命运都很悲惨，但他们却有着强大的对苦难的承受能力，对世界乐观的态度，十分令我怜惜而敬佩。而外婆、母亲的经历何尝不是一本《活着》的原型，只是故事的结尾大家都幸福了，更趋于现实主义。

在外婆说自己的父亲去世时，我开始哭泣，在外婆说母亲改嫁时没把她们三姐妹带走，我就哭着质问："不把自己的孩子带走就因为是三个姑娘，婆家就不要吗？""外婆真的太可怜了。"

在这次访谈中，让我更真切、真实地了解到了生活曾经的艰辛。我们要从老一辈的身上去感受他们对苦难的承受能力，珍惜眼下生活的美好，继续奋斗，去实现生命、时代赋予给我们的责任！

感悟者：罗博

第一，祖、父辈在对艰难感知上的差异。爷爷对战争年代的记忆，爸爸买房时的艰难，可以看出父辈的艰难总与时代紧密结合，有着鲜明的时代性，是当时社会的一个缩影，是社会共有的，家家户户都会面对的艰难，也是成年男性理应有所担当的事情，他们都咬牙坚持，挺了过来，最终成功渡过难关才得以铭记。

第二，祖、父辈在对社会感知上的差异，这同样也是一件有着鲜明时代特点的事情，与时代息息相关。改革开放，把经济从十年之乱中解放出来，开启了新中国的又一个春天。先有爷爷作为村里的党委书记，响应祖国的号召，带领村民建设深圳；后有父亲关注生活，关注身体健康，再到我们这一代无忧无虑快乐成长，这恰好反映人们经历了对日益增长的物质文化的需求到对美好生活向往的转变。

第三，祖、父辈在最骄傲的事情上的差异。这一点更多地反映在人生的重要选择上，如爷爷当年选择入党，被认为是一生中做出最正确的选择，在党旗面前宣誓，为人民服务，爷爷为此感到骄傲，感到自豪。父亲的骄傲也是来自于做出了正确的选择，买了学区房，为儿子的培养做出了一项正确的选择。可见，骄傲来自自己的正确选择，一个改变了人生轨迹的重大选择，其后续发展和影响满足或超越了他们的期望值，这就是他们骄傲的来源。

在我们家乡，男人更应该撑起一个家，要更加有担当。从父辈的

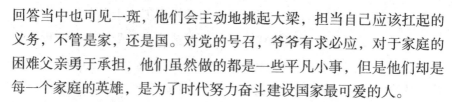

回答当中也可见一斑，他们会主动地挑起大梁，担当自己应该扛起的义务，不管是家，还是国。对党的号召，爷爷有求必应，对于家庭的困难父亲勇于承担，他们虽然做的都是一些平凡小事，但是他们却是每一个家庭的英雄，是为了时代努力奋斗建设国家最可爱的人。

感悟者：李笑

我的爷爷和爸爸在一定程度上都受到了地主出身的差别对待。爷爷受到的影响更大，从未谋面、很早就去世的太爷爷和独自拉扯四个孩子长大的太奶奶年轻时都受到过比较好的教育，但是我的爷爷却没有办法继续读书。不管什么时代，知识都能改变命运，也许不是唯一途径，但却可能是最理想的一条，像我的爷爷，想要读书却没有机会，这是他一辈子的遗憾。而我的父亲要相对幸运，中国的制度、观念在进步，虽然他小时候也因为身份受到过歧视，但很快身份差别取消，父亲得以顺利完成中学学业。

祖辈和父辈也都经历了社会大环境的改变。爷爷在改革开放初期，凭借着勇气和吃苦耐劳，抓住了新的时机，成为当地第一个贷款买车跑运输的农民，让家里的境况得到改善。父亲经历了国企改革，先失业后创业。父亲在工作中的表现，我是有记忆的，他对自己的产品是绝对的上心和用心，绝不会向客户隐瞒自己的印刷失误，哪怕是加班赔钱也会做到最初的承诺；他会提前安排好工作计划，尽自己最大的努力按时甚至提前交货。我的父亲一直告诉我，做一件事情就要学会用心做，用心思考、用心总结。吃苦、奋斗和毅力改变了他们的人生和事业。

我的爷爷带着一家人从新疆的一个小乡村搬到了城镇；我的父亲带着我们从西北的一个边陲小城市搬到省会乌鲁木齐。为了让家里的人享受到更好的教育资源、医疗设施，我的祖辈和父辈一直在努力地奋斗，改变着后代的命运，这也是激励我不断追求卓越的源泉，"幸福都是奋斗出来的"像是一种传承与使命。

我的祖辈和父辈都是千万普通人中的一员，我相信他们不会是个例，正是因为千千万万的中国人的努力和奋斗，才让新中国在成立的短短七十年里——也就是三代人的一个时间里，有了翻天覆地的变化。努力奋斗、艰苦创业的这种精神是根植于中国人血脉中的，这是我们中华民族的优秀精神、文化和品质。当这样一种奋斗的精神如今传承到我们青年一代手中时，如何给传统的、优秀的精神注入时代的活力，是需要我们青年一代认真思考、认真完成的。这不仅是继承一种文化、一种精神，更是要借此承担起改变国运、实现民族复兴使命的大事、国事。

感悟者：拓子曦

这次访谈采访的是我的祖辈和父辈，但在两辈的叙述中，我也由片段的描述串联起了我太祖父辈的事迹。

关于家庭中艰难的事情，两辈人的感受都是由物质匮乏生活艰苦所激起的，但是可以明显看出父辈的生活已经有了极大的改善。相比于祖辈食不果腹、衣不蔽体、穿草鞋打赤脚，父辈在过年时则有新衣服有时尚的新鞋。

当谈论起自豪的事时，祖、父辈都在自豪之余流露出无限的遗憾。祖辈是受家庭出身的政治因素所限，在梦想已掌握在自己手掌里时，又眼睁睁看着它溜走，并被告知自己永远没有机会可以实现这个梦想。无可奈何，留下大半辈子的遗憾和羡慕。父辈则是受社会经济条件所限，身处小县城，消息闭塞，多少有点浪费了青春的意思。但是，同时我也感受到了他们对生活的热诚，正如母亲所说，不管学习工作还是生活都兢兢业业，一直向前走。

身处不同的时代背景，我不可能经历他们所经历过的无奈与煎熬，他们的遗憾只能让我心酸不已，却无法感同身受。但是他们应对这些挫折的态度是非常值得我们学习的。既然不能让梦想起飞，那我就一步一步地慢慢走，把每一个脚印都深深扎进土里。

对两辈人的访谈让我看到了从新中国成立之初一直至今的时代变迁。在国家的建设上，我们绕过弯路、掉过坑，但最终在中国特色社会主义的道路上越走越好，越走越稳。我们这代人要感谢的不仅是时代，还应感谢祖辈父辈们的坚韧与拼搏。每一个平凡人的奋斗汇聚在一起才有了现在的美好生活。

这次的访谈也让我和我的祖辈、父辈第一次坐在一起，聆听他们的青春。这对于我个人，对我的家庭，也是一次难得的机会与宝贵的财富。

感悟者：卢政昕

这次采访让我感触颇深。也是我个人第一次脱离影视文学作品，主动向经历过的长辈了解曾经中国的发展与个人发展的关系。

从对外公的采访中，我了解到新中国成立初期我们国家的贫穷与人民对美好生活的迫切向往；从对父亲的采访中，我了解到改革开放与互联网时代对个人生活方式的影响。他们的故事不但体现出社会科技的发展与百姓生活水平的提高，更体现了共产党对"人民对美好生活的向往"的目标的不断奋进。平凡人物的经历，映射出时代的变迁。

对祖辈的采访增强了我的家国情怀，让我了解到他们经历的困难时期对他们意志的磨炼与今天幸福生活的来之不易，让我理解了中国共产党在中国发展历程中起到的领导与模范作用，更让我深刻地体会到"哪有什么岁月静好，不过是有人替你负重前行"的深刻内涵。

感悟者：熊家黎

通过这次访谈，我深入了解到父亲与母亲的童年与青年成长历程，对改革开放前后中国老百姓的生活图景产生了更深刻的认识。

在对父母访谈内容的对比中，我感到女孩子的命比男孩子的苦。这是重男轻女的封建残余思想所致，也与时代背景密不可分。我母亲受教育程度比我父亲低不少，只上到五年级就辍学回家。当时的人们普遍认为女孩子读书没多大用处，还不如帮着家里多干活，到了一定的年纪出嫁，换一笔彩礼，她的家庭使命就完成了。可我母亲干的家务活很多完全是男人干的，比如挑水、砍柴，山区的落后与贫穷程度令我难以想象。如果我母亲没有进城务工，而是和许多其他农妇一样嫁人生子，恐怕一辈子就被束缚在大山里了。走出大山的母亲其实也只能裁衣服做女工，而且这份工不稳定，想要工作稳定，就只能卖水果卖蔬菜，但是收入又不稳定。重男轻女导致母亲文化程度低，文化低限制了工作平台，工作的辛苦与为生活的奔波注定了"再学习"的不可能，如此恶性循环。

反观父亲，可以杀猪宰牛谋生，送货也有门路，凭着年轻人吃苦耐劳的韧性以及人际关系的处理，很快就将生活过得有滋有味。有人说在改革开放初期，只要敢想敢干，没有做不成的事。可他们忽视了改革开放初期干实业成功的都是男性这一事实，大部分女孩子的命比男孩苦。即使到了今天，学历已然不是男女差距的鸿沟，就业性别歧视仍然存在。

第二个感受是：年长的孩子比年幼的孩子苦。我母亲要照顾舅舅，舅舅要上学而家里需要干活儿的人，这是母亲辍学的主要原因；而我父亲是家中最小的孩子，伯伯辍学后父亲得以一直读完初中。作为年长的子女，在家庭中要承担更多的责任，更早地接触社会，帮助家里解决温饱。伯伯在爷爷家很大程度上充当了母亲在外婆家的角色，只是伯伯选择留守农村，母亲选择进城务工，他们的命运才截然不同。年龄越小的子女，他们的学龄就越接近改革开放，受教育的机会更大程度更高，只要稍微努力，他们的起点就能远远超过他们的兄长。

访谈结束，我回忆个人成长的种种片段，对当时家庭各种变化也有了合理的解释。例如，刚出生的一段时间我的玩具很多，饮食也很好，从我每年的周岁照片就能看出，那应该是我爸送货每天挣100元钱的时候。三年级我们搬到了只有三十几平方米的小房子里，那时父亲失业，家里的日子不好过……对于母亲描述的童年生活，我感到凄惨同时为她心疼。我逐渐明白她的一些日常行为——贪小便宜，听信商家的虚假宣传买便宜货、假货背后的原因，大概是穷怕了吧，访谈中她不止一次地说再也不愿回到从前那种生活，改革开放对她个人命运的影响举足轻重。至于父亲，其实零几年就可以靠攒下的积蓄和借贷买一套房子，在而立之年成为城市居民，但他犹豫过后，想再等几年靠自己的积蓄一次付清房款，谁知后来的房价水涨船高，自己又面临失业，这一等就是十年，时代格局的变动岂是一个农民能预料的。幸运的是，刚过不惑之年，他终于完成了自己的梦想，在知天命之际也能享受天伦之乐了。

一代人有一代人的使命，一代人有一代人的担当，没有哪一代人的青春是容易的，唯有奋斗是青春不变的底色。我的祖辈勤勤恳恳，我的父辈兢兢业业，他们都完成了青年时代的理想。现在，奋斗的接力棒传到了我的手中，我也会通过永不止息的拼搏与奋斗，去赢得属于我的人生。长风破浪会有时，直挂云帆济沧海。

感悟者：李林克

本次访谈对象为我的父母，通过他们印象最深刻的事情可以反映个人的成长轨迹、家庭的境遇和社会的变迁。

母亲很辛苦，小时候不觉得有什么，但是现在想来每一次家庭的挫折都是她在支撑着，她为了家庭也放弃了一些自己的东西，家里这么些年基本从来没有出去旅游过，大事小事不断，但她还坚持要生下妹妹。令我印象深刻的是她挺着大肚子在西安上研究生，很难想象她可以在那样的条件下完成学业。她成长中吃了很多苦，组建家庭后就一直在奉献自己，因为穷着长大，为了家庭她很少去追求个性化的东西，把所有的理想热爱藏在围裙后，寄托在孩子身上。如果给她选一个最突出的特点那就是奉献。

而父亲可能就更加注重自己的体验，可能也和他小时候是家里唯一的男孩、唯一可以上学的孩子有关。他倾向于把家里的杂务和照顾孩子的工作留给母亲，他自己去做想做的事情，信奉的是大男子主义的观点。他很谨慎，不做任何投资，但家里人生很小的病也非常重视，从他访谈回答里说了很多个"害怕"也能看出一二。

家里几次大的变故，让人很艰难的时刻都是因为疾病。即使有医保，一场大病也可能掏空普通家庭的积蓄，而且如果一个人身体不好，经常患病，特别是重症疾病，必然牵扯家人来照料，时间久了会把家人拖垮。如果家里没钱而又患有重病，那么无疑对全家人都会是一种致命的打击。一个人的原因导致整个家庭都处于胆战心惊之中，这个负面影响绝对是巨大的。然而，家里的人又毫无办法，只能干着急，这就又会是一种心灵上的折磨。长此以往，家里的每个人都会受到很大的影响。

虽然从父母的回答中似乎感觉他们作为普通人没有受到社会事件很深刻的影响。这一方面可能是因为父母的工作和生活决定了他们的关注点更多的是在家庭和自身，另一方面这种没有明显的感知，可能恰好说明了经济社会大环境的稳定。即使访谈他们这样的普通百姓，即使他们都没有和社会重大事件有过很深的接触，我也能从他们的回答中窥见社会发展之一斑。从饭都吃不饱，过年才吃上鸡蛋的一代人，通过许多个他们，组成了一个在奋斗中前行的社会，才让人们的生活日新月异。

我自己来说，对这次访谈很满意，我虽然和他们生活在一起，但是不懂事的时候给我说了也没用，开始懂得思考的时候又在西安住校读书。我对家里的情况也不了解，这次也是敞开心扉能听一听他们的想法，产生一些理解的力量，然后从中吸取一些人生经验吧。这一次访谈其实是一次难能可贵的与家人交流感情的机会，其附带的学习价值又为这次访谈增添了额外的意义，对"千禧一代"的我们来说，这无疑是一笔财富，我们将会记住并珍视从这次访谈中收获到的东西，它们将连同我们已有的知识和阅历一起指导我们的实践，帮助我们创造我们这一代人的价值。从过程上来看，国庆长假为访谈创造了契机，所有人的访谈都进行得很顺利，无论是面对面的，还是线上的。所有人都在这次访谈中拉近了家人的距离，更新了自己的认知，受益匪浅。

感悟者：饶佳陆

作为社会的一分子，我们不能也不可能在任何一件事情发生时都作为亲历者、参与者、旁观者。历史的洪流滚滚向前，没有人能看清每一朵浪花的模样。正所谓一叶知秋，历史大河中的每一滴水都在折射着它的全貌，而记录下某几滴水映射出的光彩，正是我们访谈的意义之所在。

历史不只是王侯将相，历史更是天下苍生。我们所做的，不过是试图为生民立一则外传，其过程不可谓不粗劣，内容不可谓不浅薄，可倘若我们粗浅的尝试，最终能对现实起到些许积极的作用，那么，我们的访谈，便绝不能说是无意义的。

我们相信，我们的所作所为，不只是在解构过去，更是在建构未来。实践决定认识，认识也在影响实践。唯物史观教导我们，无数的偶然铸就了时间长河中的必然，而人民正是这长河的第一动力。我们不仅在探究这河水从哪里来，更在思索这河水将流向何方，而探究思索的方法，就是融进它的第一动力之中。当然，想要用区区一本访谈录就认识一切，无异于痴人说梦，我们只是建设历史巴别塔的一名工人，默默工作，期待着能有更多后来者为它添砖加瓦。